AF250245

HISTOIRE FINANCIÈRE

DE

L'ÉGYPTE

DEPUIS SAID PACHA

1854—1876

———— ❧ ————

PARIS

GUILLAUMIN ET Cⁱᵉ, LIBRAIRES

Éditeurs du Journal des Économistes, de la Collection des principaux Économistes,
du Dictionnaire de l'Économie politique,
du Dictionnaire du Commerce et de la Navigation, etc.

Rue Richelieu, 14

HISTOIRE FINANCIÈRE

DE

L'ÉGYPTE

SAINT-DENIS. — IMPRIMERIE CH. LAMBERT, 17, RUE DE PARIS.

HISTOIRE FINANCIÈRE

DE

L'ÉGYPTE

DEPUIS SAÏD PACHA

1854—1876

PARIS.

GUILLAUMIN et Cie, LIBRAIRES

Éditeurs du Journal des Économistes, de la Collection des principaux Économistes,
du Dictionnaire de l'Économie politique,
du Dictionnaire du Commerce et de la Navigation, etc.

Rue Richelieu, 14

1878

AVANT-PROPOS

Ces pages n'étaient pas destinées à voir le jour. Il a fallu tout le bruit qui se fait depuis quelque temps autour de l'Égypte, pour me décider à les publier.

Dirai-je à quels sentiments ma plume, exempte de toute passion, a obéi en les écrivant? Les documents qui servent de trame à mon récit sont à la portée de chacun. Qu'on les examine, et que l'on compare : on jugera après si je me suis écarté des lois de la vérité la plus stricte, de l'impartialité la plus rigoureuse, et du patriotisme le plus sincère.

Des acteurs principaux qui figurent dans la tragi-comédie qui se joue au Caire depuis deux ans, je n'ai conté que ce qui est indispensable, pour que le lecteur ait en main tous les fils de l'intrigue. Si j'ai insisté sur la haute personnalité du khédive et sur celle du ministre des finances selon son cœur, Ismaïl Pacha Sadik, c'est qu'en Orient, pays d'absolutisme, la volonté du maître est tout, explique tout, et devient la cause première, efficiente, ou finale, de tout bien comme de tout mal. Donc, tant vaut le maître, tant valent l'administration, les finances et le crédit de l'État.

C'est pour avoir ignoré ou méconnu cette vérité, que tant de gros capitalistes et de petits rentiers sont compromis aujourd'hui dans la faillite de l'Égypte.

La leçon est doublement cruelle, venant après les pertes énormes causées par les emprunts de Honduras, de Haïti, du Pérou, de la Turquie, et autres valeurs exotiques ou à turban. Profitera-t-elle ?

Le public comprendra-t-il enfin que c'est en France, cette terre de l'honnêteté, de la loyauté en affaires, qu'il trouvera le plus sûr et le meilleur emploi de ses fonds ? Que le champ des entreprises fécondes en brillants résultats est loin d'y être épuisé, et reste ouvert à son intelligence, à son activité et à ses capitaux? Et qu'à lancer le fruit de ses épargnes de par le monde, au delà des mers, dans le fol espoir d'en doubler, d'en tripler le montant, il risque fort de s'éveiller un jour dépouillé, ruiné, nu comme Job?

Que la crise égyptienne lui serve d'exemple, bien qu'elle n'ait pas encore dit son dernier mot!

Comment finira-t-elle? Qui l'emportera, du khédive ou de ses créanciers, dans la lutte ardente, passionnée, à laquelle ils se livrent, et dont les bruyants échos résonnent de partout?

Mon avis est que créanciers et khédive feraient mieux de s'entendre, que de batailler plus longtemps. Que ne relisent-ils le bon La Fontaine!

> Pour un Ane enlevé deux voleurs se battaient.
> . . . .
> Tandis que coups de poings trottaient.   . .
> . . . .
> Arrive un troisième larron,
> Qui saisit maître Aliboron.
> L'Ane, c'est quelquefois *une pauvre province.*
> Les voleurs *sont tel ou tel prince.*
> . . . .
> Il est assez de cette marchandise, etc., etc.

Je n'entends nullement dire qu'il y ait des

voleurs dans l'affaire égyptienne ; tout au contraire. Mais il y aura probablement des dupes, et non d'un seul côté, comme beaucoup inclinent à le penser.

En attendant la solution, et afin d'y aider, j'expose les pièces du procès.

Un avenir prochain prononcera.

Alexandrie, le 31 décembre 1877.

J. C.

HISTOIRE
FINANCIÈRE DE L'ÉGYPTE

DEPUIS SAÏD PACHA

CHAPITRE PREMIER

1854-1863. — Méhémet-Ali, Ibrahim Pacha et Abbas Pacha.
— Concession du canal de Suez. — Création de la dette
flottante. — Embarras du trésor. — Emprunt de 1862. —
Départ de Saïd Pacha pour l'Europe. — Son retour. — Sa
mort.

C'est à Saïd Pacha que revient le triste honneur
d'avoir conclu le premier emprunt émis par l'Égypte
en Europe.

Sans autres ressources qu'un budget de moins
de cinquante millions de francs, Méhémet Ali et
son fils aîné, Ibrahim Pacha, avaient réorganisé le
pays et victorieusement lutté pour son indépendance.

Abbas Pacha lui-même, bien que d'un caractère

1

violent et farouche, avait administré avec ordre et économie ; et, lorsque la mort (une mort mystérieuse et terrible) vint le frapper dans sa retraite de Benha, non-seulement l'Égypte était prospère, mais son fils, El Hami Pacha, hérita d'une fortune mobilière de plus de quatre-vingts millions de francs. Je ne dis rien des propriétés, qui étaient immenses. Comment tout cet avoir fut dissipé en moins de deux ans, et à la suite de quelles aventures, dignes de tenter la plume d'un Balzac, El Hami Pacha mourut presque insolvable, ce n'est ici ni le cas ni l'heure de le conter. J'ai hâte d'arriver à Saïd Pacha.

A l'avénement de ce prince (14 juillet 1854), les fellahs respirèrent comme au sortir d'un long cauchemar. La terreur qu'inspirait Abbas Pacha avait étendu un voile de tristesse sur l'Égypte ; on ne pouvait que gagner au change. L'humeur facile et enjouée du nouveau vice-roi était, du reste, connue ; et, si sa jeunesse n'avait pas été exempte des accès de colère traditionnels dans la lignée directe de Méhémet-Ali, l'odieux des actes qui en avaient été la conséquence retombait sur son entourage, bien plus que sur lui-même.

Les espérances que nourrissait la population ne furent pas déçues. Au Caire, les ressorts de l'administration se détendirent, et dans les provinces, les exactions devinrent moins sauvages et moins fréquentes.

En même temps un événement important, aussi fécond pour l'avenir de l'Égypte que désastreux pour les finances de son gouvernement, était à la veille de s'accomplir. En novembre 1854, M. F. de Lesseps, répondant à l'appel du vice-roi, arrivait au camp de Harea avec un mémoire sur le percement de l'isthme de Suez; et, quelques jours après, le firman de concession du canal était signé.

Cet acte ouvrait toute grande la porte du Delta aux Européens, et frappait ainsi le pouvoir absolu d'un coup dont il ne se relèvera pas. — Malheureusement, la légèreté de Saïd Pacha, son impatiente avidité de jouir, sa manie de jouer au grand capitaine, en traînant à sa suite toute une petite armée, ses prodigalités enfin devaient paralyser les heureux effets de la sécurité dont jouissait le fellah. Bientôt la rentrée des impôts ne suffit plus à combler le vide que les fantaisies vice-royales creusaient dans les caisses du trésor, et l'on dut recourir à des moyens empiriques pour y pourvoir.

A l'origine, le ministre des finances avait pris des avances en compte courant dans quelques banques du Caire et d'Alexandrie, et les avait réglées au moyen d'obligations nominatives et non transmissibles. Non-seulement la majeure partie de ces obligations dut être renouvelée aux échéances, mais de nouvelles et importantes émissions vinrent s'ajouter aux renouvellements.

Le crédit du gouvernement eût été vite à bout, s'il eût continué à se mouvoir dans un cercle aussi restreint. Quelques capitalistes engorgés avisèrent pour lui et tournèrent la difficulté, en décidant le ministre à créer des bons à échéances fixes et au porteur. Innovation dangereuse, en cela que désormais les émissions échapperaient à tout contrôle, et n'auraient d'autre limite, d'autre frein que la confiance du public. Car, de compter sur la sagesse d'un pouvoir personnel absolu, c'eût été pure folie !

Pourtant les nouveaux titres trouvèrent facilement preneurs. — Alléchées par les taux élevés auxquels on les négociait, toutes les bourses, grandes ou petites, s'ouvraient aux convoitises vice-royales. L'argent répondait à l'appel avec une régularité du meilleur augure. Malheureusement, au lieu d'attendre la demande, on courut au-devant, on la provoqua, et on faillit tout gâter. Il est vrai que les besoins étaient là, pressants, insatiables. En guise de passe-temps, Saïd Pacha bâtissait, démolissait, rebâtissait, agrandissait, transformait harems et palais et *backchichait*[1], et se laissait voler avec une insouciance pleine de cynisme et de mépris.

Or, tandis qu'il se gaudissait sans trêve ni repos, une valeur d'un nouveau genre faisait son apparition sur le marché, valeur bizarre, de contrebande, et, à coup sûr, valeur mort-née partout ailleurs qu'en pays oriental. La ponctualité avec laquelle l'Altesse s'appliquait la totalité des rentrées était telle que, depuis de longs mois, l'État ne payait plus ses employés. Je passe l'armée sous silence. Pourtant il fallait vivre. La misère rend inventif. Les plus ingénieux imaginèrent, pour régler leurs fournisseurs, de tirer sur le Malieh l'arriéré de leurs appointements. La mesure ne fut pas accidentelle, isolée, non : elle devint presque générale, et les guichets du trésor furent assiégés par une armée de *bakals*[2], d'autant plus difficiles à contenter que l'argent était rare, et que, n'étant ni indigènes ni raïas, on n'osait en appeler contre eux, comme raison dernière, au courbache[3] des ca-

[1] De backchich, cadeau, pourboire.
[2] A proprement parler, «marchand de morue sèche,» vulgairement « épicier, marchand de comestibles. »
[3] Verge, lanière en peau d'hippopotame.

was [1]. On payait donc, aussi peu et aussi lentement que possible, mais encore fallait-il finir par payer. Cette situation se régularisa si bien que les bons d'appointements eurent leur marché, leurs taux courants d'escompte : taux fabuleux, calculé sur l'aléa de la valeur et les difficultés d'encaissement qu'elle présentait. Mais, sous la pression du besoin, il s'en négocia tellement, que plusieurs sarrafs du Mouski et autres quartiers du Caire ont fait fortune à ce trafic interlope. Qu'ajouterai-je pour faire toucher du doigt la plaie ? La détresse devint telle qu'un jour l'Altesse, à bout de ressources immédiatement réalisables, fit main basse sur la caisse des orphelins et sur le dépôt des successions. — Ce mauvais coup lui fournit environ cent mille bourses (12,500,000 francs). Une bouchée pour un aussi vaste appétit.

On gagna ainsi les premiers jours de 1862. Bien que la constitution de Saïd Pacha fût de fer, huit années de règne et d'excès de tous genres l'avaient épuisée ; et déjà éclataient avec une intensité inquiétante les symptômes de la maladie qui devait l'emporter. Les médecins conseillèrent un voyage en Europe : voyage de repos, de santé

[1] Homme de police.

et de plaisir tout à la fois, auquel on donnerait par surcroît une couleur politique, autant que le comportait le tempérament du personnage.

Mais le moyen de partir avant d'avoir réglé les embarras du trésor et pourvu aux dépenses de la route ? Et comment y réussir ? Après mûre réflexion, on s'arrêta à l'idée de négocier un emprunt en Europe. — L'épuisement du pays ne laissait pas le choix ; sans compter que les circonstances étaient des plus favorables.

Le mouvement de spéculation engendré et lancé par le second Empire était alors à son apogée. C'était l'heure où les capitaux, en quête de gros intérêts et de dividendes fabuleux, se ruaient vers les pays lointains. Depuis Law, on n'avait pas vu pareille fièvre.

D'autre part, la disette de coton, causée par la guerre d'Amérique, attirait l'attention sur le Levant, et spécialement sur l'Égypte, dont le crédit, malgré les embarras intérieurs, était vierge au dehors. Il y avait là de quoi tenter les convoitises de la haute finance. Aussi, à peine les intentions du vice-roi furent-elles connues, que les prétendants accoururent. Ce fut la banque de Saxe-Meiningen qui l'emporta, après plusieurs semaines de négociations et d'intrigues qu'il serait trop long de raconter ; et la convention qui liait les parties fut signée le 18 mars 1862.

Cette convention est curieuse à plus d'un titre. L'article premier débutait ainsi : « Saïd Pacha, voulant éteindre la dette flottante » de l'Égypte, contracte un emprunt de.....

Le but avoué était, on le voit, des plus honnêtes ; les poches n'avaient qu'à s'ouvrir ; bon usage serait fait des deniers qui s'en échapperaient. On l'affirmait du moins. Malheureusement, cette fois, comme après, les promesses n'étaient qu'un leurre, une amorce destinée à endormir la méfiance du public. Et quelle somme fallait-il pour éteindre la dette flottante? Rien que quarante millions de francs! Une vraie misère, comparativement à ce que nous avons vu depuis!

Les contractants s'engagèrent à les fournir, à condition d'être remboursés en trente annuités de fr. 4,400,000 chacune (11 p. 100 intérêts et amortissements), garanties par les revenus du Delta, estimés alors à fr. 16,000,000 environ.

Quant aux risques, à la forme et à l'époque de l'émission, ils en firent leur affaire. Je passe sous silence les commissions, les jouissances et autres avantages accessoires stipulés au contrat. Il est pourtant un point sur lequel j'appuierai : l'entière dépendance qu'y professait Saïd Pacha vis-à-vis de la Porte. L'article 8 portait en effet que les obligations délivrées aux prêteurs par le ministre des finances seraient signées par le vice-roi et par un délégué spécial, avec la mention : Avec autorisation de S. M. le Sultan. — Et pour éviter toute équivoque, l'article 16 ajoutait qu'en cas de difficultés, si les arbitres, nommés en nombre égal par les parties, ne s'entendaient pas, le *grand vizir jugerait en dernier ressort*.

Toutes choses étant ainsi réglées, l'emprunt fut émis à 82 1/2, en titres de l. st. 20 produisant 7 p. 100 d'intérêts. Mais on ne tarda pas à s'apercevoir que la somme de fr. 40,000,000 était insuffisante, et elle fut portée d'un commun accord à fr. 60,000,000, ou l. st. 2,400,000.

Contre cette somme, le gouvernement délivra l. st. 3,242,800 de titres, pour le service desquels il s'engagea à payer trente annuités de l. st. 264,000 chacun, ou l. st. 7,920,000 en trente ans.

Le tirage fut fixé au 1er janvier et au 1er juillet, et le payement des coupons au 1er mars et au 1er septembre de chaque année.

Telle fut, dans ses points principaux, la première grande opération financière de Saïd Pacha, et j'ajouterai la dernière.

La maladie dont il souffrait était restée station-
naire pendant son séjour en Europe. Le retour en
Égypte l'aggrava, par suite de l'impossibilité d'as-
treindre à un régime suivi l'auguste et intraitable
malade, qui expira dans la nuit du 17 au 18 janvier 1865.

CHAPITRE II

Dans les premiers mois de l'année qui suivit l'avénement d'Ismaïl Pacha, l'administration nouvelle, jalouse de faire la part des charges que lui avait léguées le passé, publia les trois documents suivants :

1° Le dernier budget de Saïd Pacha.

2° Le premier budget d'Ismaïl Pacha.

3° L'état des dettes du gouvernement égyptien à la mort de Saïd Pacha.

Cet état s'élevait à fr. 367,000,000, y compris les fr. 88,821,000 qu'avaient coûtés les 177,642 actions souscrites par le défunt à la compagnie du canal de Suez. Mais cette somme de fr. 88,821,000 constituait-elle une dette morte, sans contre-valeur ni compensation à espérer? Non-seulement les titres existaient dans les cartons du ministère des finances, mais on avait eu maintes fois l'occasion de les écouler à des taux convenables. Aussi, lorsqu'en juin 1865 le ministre, à la veille de contracter un emprunt, songea à publier les annuités de la dette égyptienne, fit-il valoir que, si l'indemnité de fr. 84,000,000 allouée par l'empereur à la compagnie du canal n'y était pas comprise, « c'est « qu'elle était largement compensée par les « fr. 88,000,000 représentant les 177,642 actions « de l'isthme, actions dont le gouvernement était « porteur, et dont le payement était réparti dans « les annuités indiquées. »

On ne pouvait plus nettement déclarer que l'on avait eu tort d'imputer à Saïd Pacha le coût des actions du canal. L'état de ses dettes devait donc être diminué d'autant, et liquidé à fr. 367,000,000 moins fr. 88,000,000 : soit fr. 279,000,000.

Le désir de grossir le mémoire de Saïd Pacha se trahit de nouveau, à la façon dont on groupa certaines sommes dans l'exposé de son dernier budget. Au chapitre de ses dépenses personnelles, on inscrivit deux titres d'ensemble 184,500 bourses [1] ou fr. 2,300,000, sous la rubrique : Indemnités et sommes dues au gouvernement, et dont le remboursement n'a pas été poursuivi. Or Ismaïl Pacha savait mieux que personne la raison de ces étranges règlements de comptes ; mieux que personne il savait qu'indemnités et abandons de poursuites étaient le résultat d'interventions consulaires, dont le défunt vice-roi avait plus souffert que profité.

Quoi qu'il en soit, le dernier budget de Saïd Pacha se solda comme suit :

```
Recettes :   bourses 760,000 ou fr.   95,000,000
Dépenses :      —    870,000 ou      108,750,000
                     ─────────        ───────────
Déficit. . .     —    110,000 ou fr.   13,750,000
```

Ce dernier chiffre n'est pas trop exorbitant; mais que dire de celui des dettes : fr. 279,000,000? La somme est énorme, surtout si l'on songe qu'il a suffi de huit années pour l'accumuler. Et pour-

[1] La bourse est calculée ici à raison de fr. 125, et la livre sterling à fr. 25.

tant le fellah regrette encore aujourd'hui le bon temps de Saïd Pacha. Ce prince avait semé l'argent à profusion, et ruiné le trésor ; mais son gouvernement n'avait que peu augmenté les charges ; et si la perception des impôts s'était ressentie du désordre de l'administration, les cultivateurs avaient bénéficié de bonne partie de ce qu'y perdait le Malieh. Quant à l'armée, elle était tombée à 7,500 hommes, et le fellah n'avait garde de s'en plaindre. Cette diminution d'effectif se traduisait pour lui par une diminution proportionnelle dans les réquisitions et dans les razzias qui l'arrachaient violemment à son foyer, à ses habitudes, à ses travaux, pour le soumettre aux rigueurs d'une discipline à demi barbare, et peut-être l'envoyer à la mort. Car le souvenir des terribles guerres de Méhémet Ali vit toujours aussi bien dans les villages qui peuplent l'étroite vallée du Nil que dans les vastes plaines du Delta.

Tout allait changer avec Ismaïl Pacha, que l'on disait animé des intentions les plus droites, des aspirations les plus élevées. Et, de fait, un grand vent de réformes se mit à souffler. Finances, canaux, chemins de fer, instruction publique, marine, armée, tout fut abordé, amélioré, restauré. Était-ce l'aurore d'un grand règne? Peut-être un observateur attentif eût-il plus facilement découvert un Chamillart qu'un Richelieu, un Calonne qu'un Colbert dans l'entourage de l'Altesse; et l'on a vu depuis que les Lebel n'y manquaient pas. Mais le prince, lui, avait fait ses preuves. Réduit à la portion congrue par Abbas Pacha, qui haïssait en lui un successeur possible, il avait su tirer parti d'un patrimoine assez maigre, et s'était fait remarquer par l'entente et l'économie avec laquelle il administrait ses domaines : qualités précieuses chez un homme appelé à gouverner un pays aussi essentiellement agricole que l'Égypte.

Aussi, à peine installé, s'empressa-t-il de pourvoir aux besoins les plus urgents. Il liquida l'arriéré des appointements des employés et de la solde de l'armée, dont il assura le service régulier. En même temps, la paye des hauts fonctionnaires était augmentée, et mise en rapport avec les dépenses qu'occasionnait la vie nouvelle dans laquelle on entrait. La prospérité inouïe que les hauts prix du coton avaient répandue subitement dans le pays, avait du reste singulièrement altéré le rapport de l'argent aux objets de luxe et de consommation journalière, et justifiait amplement cette libéralité. J'ajouterai qu'Ismaïl Pacha n'ignorait pas qu'en Orient, plus encore qu'ailleurs, la fidélité au prince s'achète au moins autant qu'elle s'inspire.

Puis, afin de bien faire comprendre que l'ère des dilapidations était fermée, il se tailla dans le budget une liste civile qu'il fixa lui-même à la somme de 60,000 bourses (un peu plus de fr. 17,500,000).

Entre temps, les embarras d'affaires et d'argent légués par Saïd Pacha avaient été peu à peu éliminés ou réglés. J'ai dit plus haut le montant de la dette à l'avénement d'Ismaïl Pacha : *Deux cent soixante-dix-neuf millions de francs.* En déduisant de cette somme les trente annuités de l'emprunt 1862, ou fr. 198,000,000, on se trouvait en présence d'une dette flottante (reconnaissance, comptes courants, bons Malieh, etc., etc.) de fr. 81,000,000. Le chiffre n'avait rien d'effrayant, grâce aux énormes ressources que fournissait le coton.

Le ministre commença par répartir sur un espace de dix années une somme de pt. 34,000,000 (environ 8,800,000 fr.), provenant du naufrage de la compagnie de navigation la Medjidieh. Cette compagnie, fondée par Saïd Pacha dans un but à la fois politique et religieux, réunissait des chances de prospérité très-sérieuses. La grande affluence de pèlerins qui se rend à la Mecque par Suez et Djeddah, assurait aux bateaux qu'elle avait établis sur cette ligne des éléments de transport rémunérateurs, indépendamment des relations commerciales que la régularité des communications développerait. Mais il advint de cette entreprise comme de toutes celles qu'a patronnées le gouvernement égyptien. Le désordre se mit dans l'administration, entraînant à sa suite le gaspillage et la ruine ; et la dépréciation qu'éprouvèrent les actions devint telle, que le vice-roi dut intervenir. La société fut liquidée d'office, et le capital remboursé au moyen d'obligations émises au pair, portant intérêts à 10 p. 100, amortissables en dix années par tirage au sort, et garantis par les revenus généraux de l'Égypte.

L'opération était irréprochable. Quant aux dettes urgentes, on les régla en bons du Malieh à un et deux ans d'échéance : et la dette générale se trouva répartie comme suit :

Y compris le service de l'emprunt 1862 et le paiement des actions du canal de Suez, les exercices des années 1863 et 1864 furent grevés d'un total de fr. 86,000,000, et celui de 1865 d'une somme de fr. 50,000,000. L'annuité diminuait alors rapidement. Elle n'était plus que de francs 26,500,000 en 1866, fr. 15,500,000 en 1867, fr. 11,000,000 en 1869, et fr. 8,500,000 seulement en 1873. Enfin, à partir de 1876, elle tombait à fr. 6,750,000, et la dette s'éteignait en 1892, moyennant un solde de fr. 3,250,000.

Les perspectives qu'avait une situation aussi limpide, étaient des plus rassurantes; d'autant mieux que le budget de 1864 présentait sur le précédent une augmentation de recettes de plus de fr. 11,000,000, et se soldait par un boni de près de fr. 18,000,000. Rien n'était donc plus facile que de reporter et d'étendre successivement les trois premières annuités par un service de trésorerie peu coûteux, sans recourir à un emprunt public. On en décida autrement, sous le prétexte des dépenses extraordinaires auxquelles il était urgent de pourvoir.

En tête figurait l'épizootie, le cheval de bataille qu'ont enfourché les publicistes officieux, chaque fois qu'il s'est agi de préparer et de justifier un appel au crédit. Or, la vérité est que les propriétaires et les fellahs avaient seuls, ou à peu près, supporté les conséquences désastreuses du fléau. Le gouvernement s'est, du reste, chargé lui-même de fixer la part pour laquelle il contribua à en atténuer les effets. Aux dépenses du budget de 1864, je relève un article de 25,000 bourses (un peu plus de 3 millions de francs) sous la rubrique :

« Pertes sur les blés, les bestiaux et le beurre im-
portés par le gouvernement. » Cette somme est
l'expression exacte des sacrifices que le vice-roi
imposa de ce chef à son ministère des finances ;
et j'avoue qu'elle est bien maigre en comparaison
du parti qu'il eut la prétention d'en tirer. Du reste,
l'exercice de 1864 n'en présente pas moins,
comme je l'ai déjà dit, un excédant de recettes et
un boni considérables : étranges raisons pour
expliquer la nécessité d'un emprunt.

Par contre, la lutte maladroite engagée contre
la Compagnie du canal de Suez allait coûter cher
au trésor égyptien. Dès l'avénement d'Ismaïl
Pacha, diverses influences s'étaient agitées pour
le décider à poursuivre la résiliation des engagements pris par son prédécesseur. Les uns ne
voyaient dans la rupture du contrat qu'un moyen
de satisfaire des rancunes personnelles ; mais
d'autres agissaient sous la pression d'interventions
politiques, qui donnaient une grande autorité à
leur insistance. Une lutte à outrance fut décidée,
et l'abolition de la corvée en fournit le prétexte.
Que le droit strict fût du côté de la Compagnie,
c'est ce que prouve l'empressement avec lequel le
vice-roi souscrivit des deux mains à l'énorme indemnité stipulée par la décision arbitrale de l'em-

pereur. On ne peut toutefois nier la façon adroite et subtile dont le gouvernement plaida sa cause. De quoi s'agissait-il au fond? D'une question de revenus. La guerre d'Amérique faisait rage, et le coton marchait à grands pas vers les cours de 50 talaris et plus. N'était-ce pas une honte que d'occuper quatre-vingt mille bras à remuer sans profit les sables du désert, au lieu de leur faire cultiver la plante précieuse dont la vente attirait d'incalculables richesses dans le pays? Mais on se garda bien d'avouer un pareil mobile.

Tandis que l'on faisait mouvoir à grands renforts de subsides les ressorts de la diplomatie d'antichambre, on invoquait dans les journaux les grands mots de réformes, d'humanité. On montrait les pauvres fellahs, partant du fond de la haute Égypte pour se rendre sur les chantiers du canal, écrasés sous le fardeau des vivres et des outils dont ils étaient forcés de se munir, mourants de fatigue et d'épuisement le long des chemins, etc. Les lecteurs quelque peu sensibles en pleuraient. Il y avait du vrai dans ces tableaux navrants. Mais était-ce bien la Compagnie qu'il fallait accuser? Les contingents, une fois au travail, étaient humainement traités, et régulièrement payés par ses agents. Quant aux razias d'hommes que prati-

quait la police pour l'embrigadement des travail-
leurs, elles remontaient au gouvernement, tout
comme les mauvais traitements et les misères de
la route. Un fait entre mille montrera du reste la
bonne foi qui animait le vice-roi, lorsqu'il réclamait
l'abolition de la corvée. L'exécution de la partie
du canal d'eau douce comprise entre le Caire et
l'Ouady ayant été laissée à sa charge, comment
procéda-t-il pour mener l'entreprise à bonne fin?
Par la corvée, que l'on venait soi-disant d'abolir;
et l'on compta un moment plus de 18,000 fellahs
échelonnés sur les travaux. Il ne pouvait plus
naïvement découvrir son jeu.

Quant aux résultats financiers de la campagne,
ils furent déplorables. En plus des 84,000,000 fr.
d'indemnité, on avait dépensé de grosses sommes
en frais de publicité et autres agissements dont
un procès de presse (affaire des trois journaux
réunis) a mis au jour l'un des aspects, mais dont
les archives secrètes du vice-roi pourraient seules
révéler la nature et le prix.

D'autre part, les projets d'économies avaient été
presque aussitôt abandonnés que conçus. Sans
parler des caprices de l'Altesse, qui grandissaient
démesurément au fur et à mesure que s'affermis-
sait son autorité absolue, une fièvre d'un nouveau

genre avait envahi son cerveau, et, à son exemple, celui des grands propriétaires du pays : la fièvre des machines agricoles. Du pacha le plus intelligent au fellah le plus routinier et le plus ignare, tous en importèrent sans choix de provenances, sans discernement ni études préalables, et conséquemment sans profit pour le présent ni espoir pour l'avenir. La plupart d'entre elles, rongées par la rouille, jonchent aujourd'hui le sol; et il n'est pas rare d'en heurter du pied les débris le long des berges des canaux et du Nil, ou dans les environs du Caire et d'Alexandrie. Les sommes ainsi englouties furent considérables, surtout par les daïras de la famille vice-royale, dont le patrimoine, très-maigre à l'origine, s'était arrondi subitement au point d'englober, dès 1865, un cinquième environ des meilleures terres de la moyenne Égypte et du Delta.

Tant et si bien que, vers le milieu de 1869, dix-huit mois à peine après l'avénement, le ministre des finances s'aperçut que les caisses du trésor étaient vides. Et pourtant rien n'avait été négligé pour les remplir. En outre de l'impôt, le Malieh avait négocié des bons largement, et, avec lui, les deux daïras vice-royales, la daïra Sanieh et la daïra Khassa. Mais, en dépit de l'effort commun, de grosses échéances pesaient sur la situation. On décida de recourir à une émission publique pour y faire face.

Ainsi, après deux ans d'une prospérité sans égale, et telle que l'imagination la plus orientale n'eût jamais osé la rêver, le gouvernement se trouvait acculé comme en 1862. C'est là qu'avaient abouti tous les projets d'économies et de réformes dont on avait émaillé le programme du nouveau règne !

Comme justification, on argua des dettes de Saïd Pacha et des ravages de l'épizootie. Refrain menteur, mais à l'aide duquel l'Altesse espérait éluder ses promesses sans que son prestige eût à en souffrir.

Engagés dans le courant de juin, les pourparlers durèrent trois mois, Dieu sait avec quelles feintes et quelles contre-feintes ! Le jeu se fût prolongé bien au delà de ce terme ! Mais les banquiers ordinaires du vice-roi étaient à bout de force et de moyens dilatoires : et l'on signalait à l'horizon financier quelques points noirs, avant-coureurs de la crise de 1865. Le contrat fut enfin signé le 24 septembre.

La partie financière ne sort pas du cadre habituellement suivi en pareille matière. Les contractants s'engageaient à fournir au gouvernement l. st. 5,000,000 effectives en quatre termes égaux, échéant en novembre 1864 et janvier, février et avril 1865. Par contre, le gouvernement les rembourserait, capital et intérêts, en quinze annuités de l. st. 620,294 chacune (9,304,460 ensemble), garanties par la délégation des revenus des trois provinces de Dakalieh, Charkieh et Béhéra.

Rien de particulier au chapitre des commissions et des jouissances. Quant au côté politique de la convention, j'y relève une variante qui a son prix, comme indice des idées d'indépendance que nourrissait Ismaïl Pacha dès cette époque. Comme en 1862, il fut bien stipulé (art. 4) que l'emprunteur obtiendrait l'autorisation du sultan. Mais, dans le cas de contestation, au lieu d'en appeler en dernier ressort au grand vizir, on convint que le vice-roi lui-même jugerait seul, définitivement et sans recours. Acte touchant de confiance des contractants vis-à-vis d'un prince de l'intimité duquel ils se glorifiaient. Ils se sont toutefois bien gardés d'en fournir une seconde édition.

L'emprunt de 1864 fut émis à Londres à 92 p. 100, en l. st 5,704,000 de titres produisant 7 p. 100 d'intérêts, et amortissables en quinze ans par tirage au sort. Le paiement des coupons fut fixé au 1er avril et au 1er octobre, et le tirage au 15 février et au 15 août de chaque année. Au lieu de l. st. 5,000,000, le gouvernement ne toucha que l. st. 4,864,065, soit un revient de 12.70 p. 100 pour intérêts et amortissement.

La souscription fut laborieuse, en raison du taux élevé auquel on invita le public à y prendre part, et des circonstances critiques au milieu desquelles elle fut lancée. Mais, grâce aux garanties et à la brièveté de la période de remboursement, l'emprunt 1864 finit par se classer ; et il a longtemps tenu la tête de la cote des valeurs du gouvernement égyptien.

Le branle était donné. Aux emprunts allaient succéder les emprunts, avec une rapidité telle que l'on chercherait vainement ailleurs un exemple d'appels au crédit aussi brusquement réitérés. Le tempérament du vice-roi se donnait carrière. Car, d'accuser les circonstances, c'était pitié, et bon tout au plus dans les prospectus ou articles financiers destinés à agir sur le gros public. Les faits étaient là pour répondre, et de façon péremptoire. De 1863 à 1865, en deux saisons, l'Égypte avait exporté pour près de un milliard de francs de cotons. La prospérité était générale, et l'argent abondait aux mains des fellahs. — Quant au vice-roi, sans compter le budget, ses revenus personnels s'étaient accrus dans de magnifiques proportions. J'en donnerai une idée, en rappelant qu'il possédait déjà plus d'un huitième des meilleures terres de l'Égypte (600,000 feddans ou 265,000 hectares environ). C'était l'époque fortunée où, dans les antichambres d'Abdin et de Kasr-El-Nil, l'entourage maniait l'or à pleines mains, et prenait patience en jouant à pile ou face, à pair ou non, les appointements d'une année d'un bey, voire même d'un pacha. Que pesaient l'épizootie et ses conséquences, dans ce mouvement vraiment californien ? Le mal, et mal il y avait, venait du naturel même du prince et des enivrements du pouvoir absolu dont il se trouvait investi.

Intelligence prime-sautière, prompte à concevoir et à s'assimiler, mais sans suite ni tenacité dans l'exécution ; esprit superficiel, indécis, décousu, bien que servi par une mémoire prodigieuse dans le détail; causeur infatigable et parfois séduisant à force d'entrain, mais caractère timide, jaloux, et soupçonneux jusqu'à la peur : tel m'est apparu Ismaïl Pacha quelques mois après son avénement.

On l'a depuis accusé d'être tout à la fois rapace

et prodigue, de manquer fréquemment à la parole
donnée, d'oublier volontairement les services ren-
dus; bref, on en a fait un type d'entêtement,
d'égoïsme et d'orgueil. Je n'en veux rien savoir.
Pourtant l'esquisse serait incomplète, si je ne si-
gnalais chez lui un besoin d'activité qui lui fait
mener de front les soins parfois puérils de son
intérieur avec l'agriculture, l'horticulture, la mé-
canique, l'architecture, la décoration, l'ameuble-
ment, les combinaisóns financières les plus com-
pliquées, les négociations diplomatiques les plus
délicates. En sorte que tout roule dans et sur sa
tête, aussi bien les tracas du ménage que les soucis de l'empire.

Mais voyons-le à l'œuvre.

Le produit de l'emprunt 1864 n'était pas encore
versé totalement, que déjà de nouveaux besoins
d'argent se faisaient sentir. Le vice-roi s'adressa
cette fois à l'impôt, et ce fut justice. Le développement de la richesse publique était énorme, et il
s'en fallait que les charges des fellahs eussent été
augmentées en proportion. Fidèle au rôle de mo-
narque constitutionnel qu'il s'était promis de jouer
vis-à-vis de l'Europe, il afficha, dans les derniers
jours de 1864, l'intention de convoquer en assemblée générale les principaux négociants et les

grands propriétaires indigènes, afin de leur soumettre la situation financière du pays, en leur
laissant le soin de discuter, de fixer et de répartir
l'impôt. C'est l'idée mère de la création hybride
qui a nom « chambre des délégués, » et qui vivra
ce que vit un despote, le temps de lasser ou de dé-
plaire.

Comme opération préparatoire, la révision du
cadastre fut décidée. Elle était d'autant plus importante qu'à l'exception des droits de douane, il
n'existait pas ou presque pas d'impôts indirects.
C'était donc à l'agriculture, et rien qu'à l'agriculture, qu'il fallait faire appel pour équilibrer le budget. En conséquence, les cheiks des principaux
villages, réunis par le gouvernement au chef-lieu
du district, nommèrent des délégués qui furent
chargés de fournir au mudir de la province le cadastre des terres placées sous leur juridiction.
Seulement le vice-roi se réserva, pour cette fois,
le droit de fixer lui-même l'augmentation d'impôts qu'il jugerait nécessaire pour parer aux besoins du trésor.

Dans le même ordre d'idées, il accorda aux fellahs, moyennant une redevance modérée, la faculté
de lever les titres de propriété des terrains libres
que beaucoup d'entre eux cultivaient. En dehors

du bénéfice immédiat que cette mesure procurait au trésor, elle favorisait le développement de l'agriculture, en fixant aux mains de gens intéressés à les faire produire des terres qui, jusqu'alors, étaient restées à l'état vague, et qu'un caprice enlevait ou rendait à la culture tour à tour. Il ne manquait à ces réformes que d'être sincèrement appliquées pour produire les meilleurs résultats. Mais c'est ce dont l'administration n'avait nul souci. Battre monnaie sous prétexte de réorganiser, tel était le but unique qu'elle poursuivait. Nous la verrons bientôt ériger en système ce procédé détestable, qui n'a pas peu contribué à ruiner les populations et l'État.

Le commencement de 1865 fut marqué par la création d'un ministère des travaux publics et de l'agriculture, avec Nubar Pacha pour titulaire. Il va sans dire que le mot « agriculture » n'était là que pour la forme et pour la cadence de la phrase. A aucun prix ni pour aucun motif, le vice-roi ne se fût dessaisi de cette branche importante du revenu public. N'était-il pas du reste le premier agriculteur du royaume? Rien de ce qui importait à une exploitation rurale ne lui était étranger : canaux, irrigations, engrais, nature des terrains, direction et appropriation des cultures, etc., etc., sa vaste mémoire embrassait tout. C'était vraiment merveille de l'entendre parler guano, carbonate de chaux et autres ingrédients, pendant des heures entières, sans répit ni fatigue.

Que visait donc au fond la nouvelle institution? La réorganisation du chemin de fer, que Saïd Pacha avait laissé tomber dans un état de délabrement inconcevable, et l'achèvement de la section du canal d'eau douce comprise entre le Caire et l'Ouady. M. de Lesseps insistait énergiquement sur ce dernier travail, qui était indispensable à l'approvisionnement d'Ismaïla, de Port-Saïd, de Suez et des stations intermédiaires du canal maritime. Grâce à l'activité du nouveau ministre, l'Ismaïlieh ne tarda pas à couler, sinon à pleins bords, du moins assez abondamment pour fournir à tous les besoins. Quant aux désordres du chemin de fer, ils furent réparés en quelques mois. On vit enfin les trains partir et arriver aux heures réglementaires, et le voyageur put monter en vagon avec la certitude d'arriver à destination. — L'œuvre fut de tous points méritoire.

Mais que faisait le maître, pendant que le ministre s'évertuait à tout remettre en place? Le maître imaginait, combinait, montait et démontait des opérations de toutes natures, et savourait à bouche pleine la lune de miel du pouvoir. Rien ne lui résistait. Il voulut être le plus riche propriétaire de ses États; et, en un tour de main, par la vertu d'un bâton qui ne rappelle en rien la verge miraculeuse de Moïse, et presque sans bourse délier, sinon sans coup férir, il se trouva à la tête de la cinquième partie de toute l'Égypte. Et quelle orgie, alors, de machines agricoles ! machines à irriguer ! machines à labourer ! machines à égréner ! machiues à remorquer ! etc., etc.! Il fallait bien faire valoir ses terres.

Il rêva d'un palais digne de le recevoir, lui, son harem et sa suite, quand il irait à Constantinople. Vite une dépêche! Et, d'un trait de plume, le palais d'Émerghian, sur le Bosphore, devint sien. Et quelle joie de le transformer, de l'agrandir, d'y prodiguer l'or et la soie, d'en faire enfin une résidence à rendre jaloux le Padishah lui-même !

Vers la même époque, un caprice de harem décida de l'édification à Gizeh, non loin des Pyramides, d'une sorte de lieu de rendez-vous, un kiosque. Puis le kiosque devint palais; les constructions s'accumulèrent; on supprima un bras du Nil, au risque de faire emporter Boulac par les crues ; de magnifiques allées d'arbres mi-séculaires trans=

plantés à grands frais relièrent Gézireh à Gizeh, et le mémoire de cette fantaisie s'éleva à trente millions de francs et plus. On y travaille encore aujourd'hui.

En matière de finances, le cerveau vice-royal, excité par l'entourage, avait engendré deux sociétés anonymes : l'une l'Agricole, dont la déconfiture suivit à deux années près la création ; et l'autre l'Azizié, qui, pour avoir été comblée de faveurs, n'en a pas moins liquidé en laissant à la charge du trésor un déficit assez important (bons azizié). Les Arabes disaient-ils donc vrai quand ils s'entre-répétaient bien bas que l'Altesse avait le mauvais œil?

Au fond, ces déboires s'expliquaient par l'intervention tracassière et l'influence de plus en plus prépondérante du vice-roi : on n'administre pas à coups de caprices.

Fin mai (1865), il arriva à Alexandrie pour y passer, assurait-on, la saison d'été. En réalité, il prenait ses précautions contre le choléra, qui venait d'éclater à la Mecque, et se mettait en situation, le cas échéant, de tenir sa précieuse personne à l'abri du fléau. Il s'embarqua en effet précipitamment le 14 juin au matin, à la nouvelle que l'on avait constaté quelques cas à l'hôpital militaire et dans les villages arabes qui entourent la ville ; et après avoir promené sa frayeur le long des îles et sur les flots bleus de la Méditerranée, il aborda à Marseille, et de là gagna Vichy.

Son séjour avait été marqué par une opération qui demande quelques mots d'explication. Le coton venait de baisser à Liverpool de trente à douze deniers : jamais on n'avait vu pareille débâcle. Toutefois la place d'Alexandrie tenait bon, malgré les lourdes pertes qu'elle essuyait. Mais il n'en était pas de même dans les villages, où beaucoup de propriétaires, tablant sur la durée des hauts prix, avaient étendu leur culture outre mesure, et pris pour ce faire des avances sur la récolte en terre. Or, par suite de la baisse, les gages ne représentaient plus qu'une faible partie de ces avances. De là des suspensions de payement et des ruines, avec leur cortége habituel de poursuites et de plaintes. Certes les prêteurs ne pouvaient s'en prendre qu'à leur propre imprévoyance des désastres dans lesquels ils se trouvaient compromis. Le vice-roi se décida pourtant à intervenir, bien que, dans la plupart des cas, les taux d'intérêts exigés des emprunteurs (3 à 4 p. 100 par mois) n'expliquassent que trop la perte du capital. Les créances furent donc examinées, vérifiées, et finalement réglées en bons remboursables en huit années à partir de 1869. Le trésor fut chargé d'en faire le service au moyen de prélèvements proportionnels sur les propriétaires compromis et que la combinaison tirait de peine. — Comme on le voit, le gouvernement ne jouait là que le rôle d'intermédiaire. La nouvelle valeur s'appela bons des villages, et il en fut créé pour fr. 35,000,000 environ.

Le choléra ayant entièrement disparu le 15 août, le vice-roi rentra le 22 à Alexandrie, peu flatté du sans-façon avec lequel certains journaux d'Europe avaient commenté sa fugue. Mais on ne peut contenter tout le monde... et soi-même. Tel fut du moins l'avis de l'entourage et des banquiers ordinaires de l'Altesse, qui, à peine arrivée à Vichy et remise de son émoi, avait rendu la bride à ses aptitudes financières, et rêvé à de nouveaux emprunts. Nubar Pacha fut chargé à Paris d'entamer et de suivre les négociations. La tâche était ardue. L'émission de l'emprunt 1864 remontait à huit mois à peine, et cette valeur n'était pas classée : on ne pouvait songer à un emprunt d'État. Du reste, pour allécher le public et le dépister, force était de varier la nature des garanties. On se rabattit donc sur le chemin de fer et sur les propriétés personnelles du vice-roi. Chacune de ces deux administrations traînait une dette flottante assez lourde, et qu'il devenait urgent de convertir. Ce serait le prétexte.

Nubar Pacha se mit vivement à l'œuvre.

Comme on devait s'y attendre, les négociations portèrent tout d'abord sur les chemins de fer. Le gage était de premier ordre. Sans parler de l'importance politique de la ligne qui relie Alexandrie au Caire et à Suez, l'exploitation faisait merveille aux mains du nouveau ministre; et de réforme en réforme elle commençait, chose étonnante! à présenter des bénéfices sortables. Les prétentions du vice-roi s'en accrurent d'autant, et il réclama des conditions exceptionnelles. On parvint toutefois à se mettre d'accord sur une somme de l. sterling 3,000,000, et un premier contrat fut signé à Paris entre MM. H. Oppenheim-Neveu et Cie. Mais ce contrat devait rester sans effet. Suivant les données générales de l'opération, transmises de Paris au Caire par télégraphe, l'Altesse comptait sur un intérêt moyen de 8 à 9 p. 100. Or un examen attentif du tableau d'amortissement, fait sur son ordre exprès, donna un taux de près de 14 p. 100. L'écart était par trop considérable, et je laisse à penser quelle fut sa colère à cette découverte.

L'erreur coûta cher à Nubar Pacha, dont le crédit sur l'esprit du maître en matière de finance fut pour longtemps ruiné. D'autant plus que les contractants, forts de sa signature et des participations qu'ils déclaraient avoir cédées à des tiers, se refusaient à un arrangement. Ils reprirent pourtant vaille que vaille les négociations vers le milieu de novembre, et après mille alternatives, mille incidents et mille petites scènes dans lesquelles plus d'une épithète à l'arabe fut échangée, on accoucha le 5 janvier 1866 d'une nouvelle convention que je résumerai en quelques lignes.

Le contrat du 17 octobre fut annulé d'un commun accord; mais l'opération fut maintenue à l. st. 3,000,000 en obligations du chemin de fer endossées par le Malieh, portant intérêt à 6 p. 100, et remboursables en six annuités à partir du premier janvier 1869.

MM. Oppenheim prirent lesdites obligations à forfait pour la somme de l. st. 2,640,000 (1870), valeur 30 avril, et payables moitié en espèces et moitié en fournitures de chemins de fer, sur lesquelles une commission de 5 p. 100 leur fut allouée.

A prendre les choses à la légère, le vice-roi obtenait satisfaction sur la question du taux d'intérêt. Il est toutefois à supposer que, grâce à l'article des fournitures, les contractants ne perdirent pas au change, et tout le monde fut content !

Quant à l'emprunt de la daïra, par suite du retour du vice-roi en Égypte, le siége des négociations avait été transporté de Paris au Caire. Sur ce nouveau terrain si propice aux intrigues, les deux compétiteurs, l'Anglo-Égyptian Bank et MM. Oppenheim, s'en donnèrent à cœur joie, faisant parfois jeu commun, et se brouillant le soir pour se raccommoder le lendemain : une vraie comédie, qui eut un dénoûment imprévu.

La scène se passa le 11 octobre (1866), à l'Abassieh, dans un kiosque récemment construit par le vice-roi.

En avant du kiosque, une double rangée de tentes richement décorées, et dans lesquelles les hôtes habituels de l'Altesse déjeunaient gaiement. Au fond, du côté de Matarieh, cinq à six mille hommes de troupe au repos. Il y avait eu revue militaire.

Dans le kiosque, un va-et-vient de bon augure. Le bruit courait que les parties venaient de tomber d'accord sur les conditions de l'emprunt, et allaient signer. En effet, dans le salon du rez-de-chaussée étaient réunis le ministre, d'une part, pour le vice-roi, et MM. Pastré et Schwabacher, d'autre part, pour l'Anglo et pour MM. Oppenheim. Les deux ex-compétiteurs marchaient de pair. Le contrat était là, blanc, sur un tapis vert bien propret, mis au net; on venait d'en donner lecture, et M. Pastré, prenant le premier la plume comme doyen d'âge, s'avançait pour le parapher, quand une dépêche, arrivée de Paris juste à point, enjoignit à son collègue de s'abstenir. On voit d'ici le tableau! M. Pastré, en galant homme, signa quand même, et se trouva seul adjudicataire de l'emprunt.

En dehors du plus ou moins de convenance du procédé, MM. Oppenheim avaient sagement agi en se retirant; car l'opération n'avait rien de tentant. Contre l. st. 3,387,300 de titres 7 p. 100, les contractants s'engageaient à payer l. st. 3,000,000 effectives. C'était un revient de plus de 88 1/2 p. 100. Il est vrai que la période d'amortissement n'était que de quinze années, et que les garanties étaient larges. Outre l'affectation des revenus de ses propriétés, l'Altesse avait consenti une hypothèque spéciale sur 365,000 feddans de terres dont l'état détaillé était annexé au contrat. Mais quel accueil ferait le public à cette valeur d'un genre

tout nouveau, basée sur une fortune essentiellement personnelle, et n'ayant aucun des caractères
d'un titre d'État? Et à quel taux faudrait-il
l'émettre, si l'on voulait s'assurer un bénéfice
sortable?

Le taux fut fixé à 92 p. 100, ce qui était ridiculement cher, bien que la marge que se réservaient
les contractants fût des plus modestes (un peu
plus de 4 1/2 p. 100). Quant à l'accueil, il fut pitoyable. Entre participants et souscripteurs, moins
de fr. 7,000,000 sur fr. 75,000,000 furent placés.
C'était plus qu'un échec; c'était une déroute que
ni la cherté ni la nature des nouveaux titres n'expliquaient. La faute en était au vice-roi, qui, en
même temps que son propre emprunt, avait laissé
émettre à Londres et à Paris celui du chemin de
fer, dont les garanties étaient supérieures, le prix
d'émission moins élevé et les conditions de remboursement plus avantageuses. Aussi le public
avait-il accordé la préférence à ce dernier.

L'Anglo s'en prévalut pour contraindre la daïra
à reprendre les obligations qui n'avaient pas été
souscrites. Mais, en même temps, M. F. Pastré
trouvait acheteur, et, le 25 octobre 1866, interve-
nait, entre Haffiz Pacha, pour le vice-roi, et M. Cernuschi, une convention dont voici l'analyse :

Contre le dépôt fait au Crédit foncier à Paris de l. st. 1,500,000 des obligations susdites, M. Cernuschi mit à la disposition de la daïra Sanieh fr. 22,500,000, dont fr. 12,500,000 en novembre et fr. 10,000,000 en décembre, le tout remboursable le 31 décembre 1867. L'intérêt fut fixé à 10 p. 100, plus une commission de 1 1/2 p. 100 à prélever sur chaque versement.

En cas de non-paiement à l'échéance, M. Cernuschi eut la faculté de réaliser le gage. Il fut de plus chargé de vendre pour compte de la daïra Sanieh les titres déposés par elle, à condition de la créditer du produit à raison de 72 p. 100 de la valeur nominale, sans tenir compte des prix de vente réels; et une nouvelle commission de 1 p. 100 lui fut attribuée sur le nominal de l'opération, qu'elle fût ou non réalisée.

En somme, le vice-roi cédait à 72 p. 100, moins 2 1/2 p. 100 de commission, soit à 69 1/2 p. 100, des titres que les prumiers contractants avaient pris à 88 1/2, et offerts au public à 92. Le sacrifice (19 p. 100) était cruel. Il eut du moins la consolation de constater l'habileté de M. Cernuschi et son succès. Le premier emprunt de la daïra fut totalement classé dans le courant de 1867.

L'année 1866 vit encore se conclure deux autres

emprunts. Mais il faut cette fois en chercher la raison dans les sentiments qui divisaient la famille de Méhémet-Ali, et non dans les besoins du trésor. Par suite de rivalités de harem qui avaient agi dès le berceau sur l'esprit des deux princes, les relations d'Ismaïl Pacha et de Mustapha Fazil Pacha n'avaient jamais été bien cordiales. La mort de Saïd Pacha, en ouvrant la succession au pouvoir, fit des deux frères deux ennemis mortels.

On s'abuse étrangement en Europe sur l'état de civilisation de l'Orient. Les mœurs, et surtout les mœurs intimes des puissants n'y sont guère moins barbares qu'il y a cent ans. Aussi l'assassinat politique sous toutes ses formes, et par le poison principalement, y est-il toujours, et non sans raison, redouté dans les hautes régions gouvernementales. Le vice-roi subissait la loi commune, et courait les risques de la situation enviée à laquelle le hasard de la naissance l'avait élevé.

Dès 1863, Mustapha Pacha, fatigué des vexations de toutes sortes auxquelles lui et les siens étaient en butte, avait quitté l'Égypte pour l'Europe, et partageait ses loisirs entre Paris et Constantinople. Les rapports d'une police intéressée ne tardèrent pas à le présenter comme un conspirateur très-actif, guettant l'occasion de se substituer *per fas et nefas* à son frère. On l'accusa même de complots avec commencement d'exécution : témoin la bombe inoffensive ramassée un matin dans les jardins de Gizeh.

Le vice-roi fut assailli de terreurs périodiques. Son humeur, naturellement inquiète, s'assombrissait de jour en jour. Même dans son intérieur le plus intime, il s'entourait de précautions minutieuses, extravagantes ; faisait surveiller son linge, sa table, jusqu'aux objets de consommation courante, par les personnes qu'il jugeait le plus intéressées à sa conservation. Sa situation n'était plus tenable.

De son côté, Mustapha Pacha engloutissait les millions avec une désinvolture vraiment orientale. Bien que ses revenus fussent des plus minces, par suite des obstacles sans nombre que l'administration égyptienne apportait à l'exploitation de ses riches domaines, il donnait fêtes sur fêtes, faisait largesses sur largesses, et puisait fréquemment, contre engagements à courts termes, aux caisses de ses banquiers. Or, l'heure du remboursement ne tarderait pas à sonner. Le vice-roi jugea le moment propice pour reprendre les négociations qu'il avait entamées, mais sans succès, dès 1864, et fit proposer à son frère de lui acheter toutes les propriétés qu'il possédait en Égypte. Cette fois, les pourparlers aboutirent, et on convint du prix de l. st. 2,080,000 (dont l. st. 80,000 de courtage), payables en titres au porteur de la daïra Sanieh, garantis par le gouvernement, et produisant 9 p. 100 d'intérêt. Le remboursement de ces titres fut échelonné sur quinze annuités à partir du 1er janvier 1868. La jouissance des intérêts courut à partir du premier jour de 1867.

Le contrat de vente fut signé à Paris le 22 novembre 1866 et enregistré le 26 du même mois; mais on ne l'exécuta pas dans sa forme première. Au lieu des titres mentionnés plus haut, la banque ottomane et MM. Oppenheim, agissant au lieu et place du prince, obtinrent une obligation générale spécifiant les engagements de la daïra et la garantie du gouvernement, et émirent, à Londres, sur cette obligation, l. st. 2,000,000 de titres au prix de 90 pour du 9 p. 100. La souscription, qui ne fut ouverte qu'en novembre 1867, eut un plein succès, et la nouvelle valeur fut rapidement classée. La dernière annuité échoit en 1881.

L'oncle même du vice-roi, Halim Pacha, avait subi le sort de Mustapha Pacha dans le courant d'avril.

Ce prince, qui partageait ses loisirs entre la

chasse au faucon, l'amour de la peinture, le jeu de billard et les mystères de la franc-maçonnerie, n'avait aucune des qualités qui font un conspirateur sérieux. Mais, des fils légitimes de Méhémet Ali, lui seul survivait, et quelques propos imprudents et méchamment rapportés avaient excité l'ombrage du vice-roi. Le directeur de la daïra Sanieh reçut l'ordre d'acheter ses propriétés, ce qu'il fit moyennant la somme de l. st. 1,200,000.

Halim Pacha ne toucha de cette somme que l. st. 300,000 en bons de la daïra garantis par le gouvernement. Il avait antérieurement contracté deux emprunts sur ses propriétés : l'un en 1863, de l. st. 310,000, amortissable en quinze annuités, et l'autre en 1866, de l. st. 700,000; la daïra prit à sa charge le service du solde des annuités du premier (l. st. 272,000), et donna en paiement au prince les titres des créances constitués par le second, et qu'elle avait rachetés.

CHAPITRE III.

L'année 1864 avait été, on le voit, bien remplie. Quatre emprunts d'un total de près de 1. st. 9,000,000, sans compter les bons des villages ! Or, aucune nécessité politique apparente ne justifiait un pareil abus de crédit. Il y avait bien eu en février le rachat de l'Ouady moyennant fr. 10,000,000 : opération louable en ce qu'elle mettait fin à la lutte engagée entre le gouvernement et la Compagnie du canal de Suez. L'insurrection de Candie avait aussi coûté quelque argent pour les envois d'hommes, de munitions et de vivres, auxquels le vice-roi s'était astreint afin d'être agréable à Constantinople. Restaient les négociations pour l'hérédité directe. C'est là sans doute qu'il faut chercher la raison des besoins exagérés du trésor égyptien.

Malheureusement en pareille matière le contrôle est difficile. — On sait qu'en Orient, la plupart des hommes politiques sont doués d'un large appétit, et que mal avisé serait le solliciteur qui se présenterait les mains vides. On sait aussi qu'au cours des négociations, il se traita du vassal au suzerain plus d'une opération financière : telle qu'envois d'espèces d'Alexandrie à Constantinople; tirages de Constantinople sur Paris, Londres et Alexandrie pour compte et au débit du vice-roi, etc., etc., et le total en fut assez rond. Mais il est impossible d'en préciser le chiffre.

Et qu'importaient du reste 100,000, 500,000, 1,000,000 de livres sterling de plus ou de moins, en comparaison du résultat si ardemment souhaité et définitivement obtenu? Tel fut, du moins, le sentiment qui éclata dans la séance d'ouverture de la Chambre des *délégués*, qui se tint en grand apparat au Caire le 25 novembre. L'Altesse y paya de sa personne, et lut un petit discours auquel les délégués répondirent quelque trois semaines après, par une adresse dont la première partie fut exclusivement consacrée à la glorification de l'hérédité directe. La manifestation était bien un peu de commande; pourtant plus d'un s'y laissa prendre, et il n'y eut pas que les journalistes gagés pour célébrer le couronnement de l'édifice constitutionnel élevé par le vice-roi.

Aussi, malgré les émissions beaucoup trop considérables auxquelles s'était livré le Malieh, l'année 1867 s'annonçait-elle sous les auspices les plus rassurants. Durant tout le mois de janvier, l'escompte des bons du trésor se maintint au taux normal de 12 p. 100, et il en fut de même à 1/2 p. 100 près jusqu'au commencement d'avril. Le vice-roi put donc vaquer sans souci aux préparatifs de la grande Exposition qui s'organisait à Paris, et dans laquelle l'Égypte devait briller au premier rang parmi les nations de second ordre.

Pourtant, dans les premiers jours de mai, il se produisit un fait assez bizarre. A cette époque de l'année, l'argent expédié dans les villages pour acheter le coton revient sur place, et s'emploie jusqu'en septembre dans les valeurs du gouvernement. Il en résulte d'habitude une vive demande pour les bons, suivie d'une amélioration sensible dans les escomptes. Ce fut l'inverse qui se produisit. Le marché, loin de se ranimer, s'alourdit, et les cours allèrent en empirant jusqu'en octobre, où ils atteignirent 16 p. 100. Il est vrai qu'aux bons Malieh étaient venus se joindre les bons des villages, ceux du chemin de fer, ceux de la daïra Sanieh et ceux de la daïra Khassa, que l'on colportait à 21 et 22 p. 100. Toute administration, jouissant de quelque crédit, avait fait feu des quatre pieds. Les acheteurs avaient le choix, trop de choix même; car la peur les prit, et l'offre déborda vite la demande. La situation s'engorgeait de nouveau, et devenait critique. Rien autre qu'un emprunt n'était capable de sortir d'affaire le Malieh. Tel était du moins l'avis du ministre des finances et de l'entourage. Le vice-roi s'y rallia, et fit savoir que les négociations étaient ouvertes.

Au nombre des prétendants, figuraient en première ligne MM. Oppenheim. La grande habitude qu'ils avaient du maniement des affaires égyptiennes, pour lequel on leur reconnaissait une habileté toute spéciale à Londres et à Paris; leur connaissance parfaite des ressources et des charges du pays et leurs relations plus qu'intimes dans la haute administration, les désignaient naturellement au choix du ministre. Mais leurs rapports avec le palais avaient beaucoup souffert de l'aventure de 1866 (emprunt du chemin de fer) et des discussions acrimonieuses qu'avait soulevées le règlement qui suivit. La méfiance légitime et le profond ressentiment qu'en avait conçus le vice-roi, habilement entretenus par des intrigues et par des commérages de cour, restaient aussi vifs qu'au premier jour. Une situation aussi délicate commandait la plus grande réserve. MM. Oppenheim l'observèrent, se bornant à surveiller le terrain de la lutte et à étudier les compétiteurs, qui ne manqueraient pas de se présenter.

Le plus sérieux fut M. Cernuschi, à qui le succès du relèvement de l'emprunt de la daïra (1866) avait fait une auréole dans l'esprit du vice-roi. L'adversaire était redoutable, autant par ses aptitudes financières bien connues que par la puissance du groupe de banquiers sur lequel il s'appuyait. Ce ne fut pourtant pas de ce côté que vint tout d'abord le danger.

Le ministère des finances était alors aux mains

de Ragheb Pacha, vieillard entêté, à idées étroites, d'une éducation administrative purement orientale, incapable d'imaginer ou de comprendre une combinaison quelque peu compliquée, et dont le plus grand mérite consistait à dissimuler la détresse des caisses du trésor sous des retards de paiement très-ingénieusement motivés; assez paterne du reste pour la rentrée des impôts, et n'en appelant au courbache qu'à la dernière extrémité. Une incapacité, comme on voit, vu les circonstances que l'on traversait.

A ses côtés, un malin hasard venait de placer comme conseiller M. P***. Accouru du fond de l'Alsace à titre de chef du contentieux au ministère des travaux publics, occupé alors par Nubar Pacha, M. P*** avait fait son chemin rapidement. Beaucoup d'originalité de caractère, relevée par une probité à toute épreuve, lui avait valu l'attention bienveillante du vice-roi. Une foule de petits talents récoltés à la longue dans la vie de province fit le reste.

Grand amateur de chiens, de chasse et de pêche, vétérinaire passable en même temps que chiromancien expérimenté, très-fin d'esprit, presque finaud, possédant sur le bout du doigt sa procédure d'ancien clerc d'avoué, retors d'habitude et coulant si l'occasion l'exigeait, ayant réponse prête à tout, conseils à donner sur tout, ne boudant pas plus à table que devant l'audition ni le récit d'une historiette légèrement graveleuse, il réunissait tout ce qu'il faut pour plaire au tempérament paysanesque des Turcs. Jamais l'Altesse n'avait été à pareille fête. M. P*** fut vite élevé au poste d'homme de confiance, et plus que personne au monde il en était digne. Malheureusement on voulut en faire un financier; et de tous les rôles dont on eût pu le charger, peut-être était-ce le seul qu'il fût incapable de remplir. Les choix de ce genre sont fréquents en Orient.

Un beau jour, le bruit se répandit qu'une nouvelle puissance financière entrait en ligne sous les auspices de M. P***. Mais cette puissance, quelle était-elle? Aux curieux qui trop insistaient pour le savoir, on jetait les noms de Comptoir oriental, de Lachevardière, de Carteret : ce qui, mis tout ensemble, ne représentait pas un bien gros sac de millions. Pourtant, malgré le peu de notoriété et de crédit des nouveaux venus, les pourparlers s'engagèrent vers la fin de l'automne de 1867, et marchèrent rapidement.

Le ministre avait hâte d'en finir : l'argent se faisait rare au palais ; la gène frappait à la porte du harem, et la place n'était plus tenable. Car de battre monnaie avec des bons, le métier était usé; et, pour comble, le vice-roi avait rapporté de son voyage à Paris une passion fort coûteuse à satisfaire, la passion du moellon. La gloire de M. Haussmann, qu'il tenait en grande admiration, l'empêchait de dormir. Il résolut donc, sinon de le surpasser, du moins de l'égaler, et mena de front le remaniement complet de l'Esbekieh, la construction de deux théâtres et d'un cirque immense à ciel ouvert, presque aussitôt abandonné qu'achevé; la création de toute une ville, le quartier Ismaïlieh; le prolongement du Mouski, le percement du boulevard du chemin de fer, de celui d'Abdin, et la construction de nombreux palais à l'Abassieh, à Koubbeh, à Abdin, à Gizeh, à Kasr El Aïn, en face de l'île de Rhoda; à Mustapha, sur l'emplacement du camp de César, à Alexandrie, etc., etc. Bref, une orgie de truelle, d'ameublements et de décorations. Où allait-on? Où s'arrêterait-on?

Aussi la nouvelle qu'un contrat avait été signé (3 février 1868) entre Ragheb Pacha pour le vice-roi, et M. Lachevardière pour MM. Carteret et consorts, fut-elle accueillie avec une vive satisfaction. Les escomptes tombèrent du coup de 16 à

12 p. 100, et cette amélioration n'était pas exagérée. L'opération arrêtée ne visait rien moins (art. 1, § 1) que l'unification et la conversion de toutes les dettes du gouvernement égyptien, y compris celles du chemin de fer. Les bons des villages étaient seuls exceptés, et je n'ai pas besoin d'en dire la raison. Le gouvernement sortait donc enfin de l'ornière pour procéder au règlement définitif de sa situation financière.

Le paragraphe 2 du même article stipulait l'émission d'un nouvel emprunt de fr. 182,666,750 effectifs ou de toute autre somme qui, avec les bons et les emprunts existants, donnerait le chiffre de 645 millions, montant auquel on arrêtait la dette générale.

Par le paragraphe 3, les contractants s'engageaient à verser par anticipation et à valoir sur l'emprunt une somme de fr. 20,000,000.

L'article 2 réglait la marche à suivre pour l'unification, et fixait les dates de l'ouverture et de la clôture des opérations. Soixante jours de jouissance étaient accordés aux titres convertis dans le délai fixé ; passé ce délai, la jouissance était retirée, et une réduction de 10 p. 100 était frappée au profit du gouvernement. Après deux nouveaux mois, nul ne serait admis à convertir.

Pour le gouvernement, la conversion des emprunts se ferait en capital nominal nouveau contre un même capital nominal ancien, sans accroissement ni majoration. Libre à MM. Carteret et consorts de faire telles combinaisons qu'ils jugeraient utile, pourvu que l'annuité à payer par le gouvernement ne fût pas augmentée.

Quant à la conversion des bons (art. 3), le capital nominal se composait du capital réel diminué des intérêts non échus à l'ouverture des opérations. Les autres dispositions comme pour les titres d'emprunt.

Par l'article 4, les contractants se chargeaient de rembourser, dans les six mois qui suivraient la clôture de la conversion, les titres d'emprunt non convertis, et de faire aux mains du ministre des finances les fonds nécessaires pour couvrir les échéances des bons, contre remise d'une somme égale de titres de la nouvelle dette.

L'article 6 stipulait que la dette unifiée serait amortie en quarante et un ans, moyennant une annuité fixée à 8.75 p. 100 du nominal de francs 625,000,000, et comprenant, avec les intérêts et l'amortissement, toutes les commissions et autres frais relatifs à l'opération ; en sorte que le gouvernement n'aurait jamais à payer plus de francs 27,343,750 par semestre.

Comme garanties, le gouvernement donnait tous ses revenus libres, et ceux qui le deviendraient par suite du paiement régulier des quarante et une annuités.

La paiement des coupons fut fixé au 1er janvier et au 1er juillet de chaque année.

Dès l'ouverture de l'opération, le ministre remettrait à MM. Carteret et consorts fr. 12,812,500 en titres de la nouvelle dette. Moyennant cette somme, plus 4 p. 100 de commission sur le montant de la dette générale, payables aussi en titres au fur et à mesure de la conversion, les contractants se chargeaient de tous les frais, tels que droits de timbre, confection des titres, annonces, etc., etc. Il leur était alloué une autre commission de 1/2 p. 100 sur le paiement des intérêts et de l'amortissement.

Enfin le ministre promulguerait la loi annexée au contrat même, ainsi que les décrets nécessaires pour la réalisation des opérations susmentionnées.

Cette loi ordonnait la création d'un grand-livre de la dette publique, et en réglait les attributions et le fonctionnement.

Telle était dans son essence l'économie du contrat du 3 février. On ne saurait nier que l'idée de ramener toutes les dettes de l'Égypte à un même type, en en répartissant l'amortissement sur une période de quarante et une années, ne fût des plus heureuses. Le service se trouvait ainsi réduit dans de notables proportions, et les ressources budgétaires ne suffiraient que plus facilement à y faire face. En outre, l'ouverture d'un grand-livre de la dette donnait une sorte de garantie contre l'émission inconsidérée de nouveaux emprunts dans l'avenir. La loi qui l'installait disait en effet (art. 10) « qu'aucune inscription ne serait décrétée s'il n'était préalablement pourvu aux intérêts et à l'amortissement de ladite inscription par des ressources équivalentes, provenant, soit d'augmentations de recettes, soit d'économies réalisées sur les dépenses. » En d'autres termes, le gouvernement ne pourrait désormais emprunter que dans la proportion de ses excédants budgétaires, s'il en réalisait jamais. Enfin, en comprenant les frais de l'unification dans le total de la dette et dans l'annuité de 8.75 p. 100, le ministre épargnait au trésor des débours immédiats considérables, et faisait une très-sérieuse économie.

Le vice-roi n'aurait donc qu'à s'applaudir si, tenant leurs engagements, MM. Carteret et consorts opéraient au pair la conversion des emprunts, et prenaient également au pair l'emprunt complémentaire de fr. 182,666,750, ainsi que les titres de la nouvelle dette, dont la réalisation devait leur fournir l'argent nécessaire au paiement de la dette flottante. Or la cote des emprunts égyptiens roulait à Londres autour de 90, et il était peu probable que la nouvelle opération la fît monter. Il y avait anguille sous roche assurément.

Du côté du gouvernement, rien que le fait d'avoir longuement discuté, puis imposé et signé des conditions aussi léonines, dénotait un rare aveuglement et une incapacité par trop niaise.

Du côté des contractants ?... M. Carteret avait la réputation d'un homme d'affaires expérimenté, éprouvé. — Après tout, peut-être disposait-il de ressources cachées, d'expédients financiers ignorés du vulgaire ! à moins qu'il n'escomptât l'imprévu, un miracle; car un miracle pouvait seul le tirer d'embarras.

Si l'Altesse n'eût été aussi infatuée de sa propre valeur en matière de finances, quelques incidents qui surgirent au cours des négociations lui auraient ouvert les yeux : détails presque intimes, il est vrai, mais qui, pourtant, couraient les rues du Caire et d'Alexandrie, que sa police lui avait sûre-

ment racontés, et dont on se gaudissait discrète-
ment en attendant le dénoûment.

Le dénoûment ne vint que trop vite! Dès le
début des· négociations, l'Altesse avait chargé
M. P*** d'examiner les pouvoirs des grands établissements financiers dont M. Lachevardière se
disait l'organe, et de les joindre au dossier. Le
contrat une fois signé, l'idée lui vint de se les faire
présenter. Quelques rapports avaient sans doute
mis sa défiance en éveil. M. P*** eut beau tourner
et retourner le portefeuille dans lequel il les avait
précieusement serrés, les pouvoirs avaient disparu. La mystification était forte. L'Altesse cria,
tempêta, tonna, puis finit par se calmer: et, prenant son parti de l'aventure, elle eut le bon esprit
d'en endosser la responsabilité, ce qui n'était que
justice.

Quant à Ragheb Pacha, il perdit son portefeuille,
après avoir manqué de perdre la vie. Son émotion fut telle, qu'il tomba très-grièvement malade,
et qu'il ne s'est jamais complétement remis.

M. P*** en fut quitte pour garder la chambre
pendant quelques semaines; après quoi il rega-
gna sa province, laissant derrière lui la réputation d'un honnête homme en même temps
que d'un financier très-médiocre : une grande

qualité et un petit défaut qui vont souvent de pair.

Pourtant tout espoir n'était pas perdu, et le contrat restait en vigueur si M. Carteret versait, contre remise de pareille somme en bons du trésor, les 20 millions de francs stipulés au paragraphe 3 de l'article premier. En conséquence Jeki Bey, maître des cérémonies du vice-roi, fut expédié à Paris nanti de vingt bons de un million de francs chacun. Voici, du reste, comment M. Lachevardière raconta lui-même l'incident dans une brochure.

« M. Carteret, averti télégraphiquement de la
« signature du traité, était en mesure de faire face
« immédiatement à la clause du contrat... La né-
« gligence, on pourrait peut-être dire la mauvaise
« volonté du ministre des finances d'alors, ne per-
« mit pas que cette clause fût exécutée. Les *bons*
« *du trésor ne furent pas envoyés*. En outre, des
« traites pour 21,900,000 francs furent tirées sur
« M. Carteret sans avis, sans couverture, et en
« dehors de toute stipulation du contrat. M. Car-
« teret refusa de les accepter. — Sur ce refus, un
« télégramme du gouvernement, lui annonçant
« l'arrivée des bons du trésor pour les couvrir,
« l'invita à accepter les traites tirées sur lui. —

« Dans sa confiante loyauté, M. Carteret crut à un
« envoi de bons du trésor ; il accepta les traites.
« Les bons n'arrivèrent pas, et M. Carteret dut
« laisser protester les traites. »

Je n'ai pas à apprécier la valeur de ce récit. Les
traites furent protestées, et le contrat rompu :
voilà la moralité de l'histoire, et ce qu'il importait
de savoir. Le Malieh dut payer en outre 4 p. 100
de frais de retour sur le montant des traites qu'il
avait eu l'imprudence de donner en paiement à des
tiers.

Ainsi, c'était en vain que, donnant de sa personne, éclairant la situation de ses hautes lumières,
le vice-roi avait négocié lui-même, dans l'ombre
du cabinet, pendant plusieurs mois. Tant de discrétion, tant de labeur, tant de peines pour aboutir à un esclandre ! Comment ne pas être profondément humilié en soi-même ? Sans compter que
la situation s'était singulièrement rembrunie ! Devant tant d'incapacité, de légèreté coupable, le
public sentait redoubler sa méfiance. L'escompte
des bons du trésor était brusquement remonté à
15 p. 100, et ceux des deux daïras flottaient de
19 à 21 p. 100.

Pourtant, après quelques jours d'amère confusion et d'épanchements intimes du maître aux

quelques favoris qui avaient appuyé la combinaison avortée, le palais reprit courage. Pour un contractant de perdu, il en restait trois sous la main, et des plus sérieux : M. Cernuschi, MM. Oppenheim, et M. Erlanger, qui avait envoyé au Caire un représentant. Mais ce dernier ne tarda pas à se retirer, sans avoir obtenu de sa démarche d'autre profit qu'une brochure dans laquelle on le poursuivait des épithètes les plus malsonnantes : telles que *charlatan, corbeau, oiseau carnassier flairant le cadavre*, etc., etc., et autres aménités de même nature. La lutte se trouvait donc circonscrite entre MM. Cernuschi et Oppenheim. Quelques démarches tentées pour amener une entente entre les deux compétiteurs ne firent qu'accentuer les dissentiments, et chacun se mit à l'œuvre pour son compte propre. Tout annonçait que la guerre serait rude, et durerait plus que ne le comportait l'intérêt du trésor.

Grâce au concours de M. J. Pastré, dont les vieilles relations avec le vice-roi, un moment troublées par l'insuccès de l'emprunt de la daïra, avaient repris leur ancienne intimité, l'avantage fut d'abord au groupe que représentait M. Cernuschi. Les négociations qui, provisoirement, ne portaient que sur une somme de l. st. 3,000,000 (on avait renoncé à l'unification), avançaient rapidement; et, dans la deuxième quinzaine d'avril, une amélioration de 1/2 à 2 p. 100 dans les escomptes indiquait qu'elles ne tarderaient guère à aboutir.

En effet, dans la nuit du 19 au 20, on tint, à Gizeh, une dernière réunion à laquelle assistaient d'un côté MM. Cernuschi et J. Pastré, et de l'autre l'Altesse en personne, Chérif Pacha, Ismaïl Pacha Muffettish, nommé récemment ministre des finances, et le directeur de la daïra Sanieh, Haffiz Pacha, mandé d'Alexandrie expressément pour la circonstance. La discussion fut solennelle, et se prolongea fort tard. L'accord ne se fit qu'à trois heures du matin; mais, en revanche, il fut si parfait que, séance tenante, on télégraphia officiellement la conclusion de l'emprunt au gouverneur d'Alexandrie, aux mudirs des provinces, et à Paris aux intermédiaires qui cherchaient à battre monnaie, avec ordre de suspendre toute démarche.

Restait à échanger les signatures. Sur l'invitation du vice-roi, M. Cernuschi parapha le contrat. On le lui rendrait dans la matinée, cacheté par le ministre des finances. L'heure était si avancée! On se sépara dans l'enchantement.

Au matin, le ministre avait découvert un soi-disant vice de forme, excité la méfiance du maître, tenue en éveil par les récentes péripéties de l'affaire Lachevardière, et tout était rompu.

Le scandale fut considérable aussi bien au palais qu'à la ville, et retomba tout entier sur la tête du vice-roi. La rigidité de caractère bien connue de M. Cernuschi mettait sa responsabilité à l'abri de toute équivoque et de tout soupçon.

Peut-être, en cherchant bien, eût-on trouvé sous l'imbroglio la main du nouveau ministre des finances, dont l'influence malsaine dans les conseils du gouvernement s'accentuait de plus en plus.

Parti de très-bas, Ismaïl Pacha Sadik avait fourni une brillante carrière. De petit employé qu'il était à la daïra, le vice-roi l'avait rapidement élevé au poste de directeur, et de simple effendi l'avait fait bey, puis pacha. La chute de Ragheb Pacha le trouva muffettish (inspecteur général des provinces), surnom qui lui est resté, et sous lequel il a été le plus communément connu, bien qu'il eût résigné la fonction depuis longtemps.

Rarement pareil instrument était tombé aux mains d'un despote. Très-intelligent, très-fin, très-rusé; ardent et infatigable au travail; prompt à obéir, quelle que fût la besogne exigée ; saisissant à demi-mot toute la partie des ordres reçus, et se réglant pour les exécuter sur l'intention bien plus que sur la volonté verbalement exprimée, le muf-fettish avait rendu d'incalculables services à son maître, à l'époque où celui-ci travaillait à arrondir ses domaines sans bourse délier. Toutes les plaintes, toutes les protestations que soulevait une opération aussi délicate avaient été étouffées.

Chargé, dans les moments de pressants besoins, soit de frapper des taxes extraordinaires, soit de provoquer des dons spontanés; il se transportait de sa personne dans les principaux centres des Mandiriehs, assemblait les cheiks et les grands propriétaires, leur traduisait à sa façon les besoins du trésor, la gêne du vice-roi, faisait appel à leur patriotisme, à leur dévoûment, causait, plaisantait, riait, puis, entre deux bons mots, finissait par fixer la contribution volontaire de chacun; et malheur à quiconque eût tardé à s'exécuter au moment de la perception. Les agents du fisc étaient impitoyables. Quant aux fellahs, à défaut d'argent monnayé, on leur saisissait tout : terres, récoltes, charrues, bétail, tout, jusqu'aux modestes bijoux des femmes; et le bâton avait raison des récalci-trants, sans préjudice de la prison ou des galères pour les patients qui essayaient de se soustraire aux durs traitements qui leur étaient infligés.

Son début au ministère des finances fit époque. Plus de lenteurs, plus d'indécisions comme au temps de Ragheb Pacha. Les affaires furent promptement expédiées, et les bons payés régulièrement. Il avait compris combien cela importait au crédit du gouvernement. Malheureusement les embarras du Malieh le forcèrent par la suite à se départir d'une si belle règle.

Peu versé au commencement dans les choses de la finance, il prit des conseillers intimes, et se fit suffisamment l'intelligence et la main pour tenir tête aux plus habiles manipulateurs d'emprunts. Nul scrupule ne l'empêchait, du reste, de tirer au but; et l'on a pu dire de lui, sans faire mentir l'aphorisme, que la parole a été donnée à l'homme pour déguiser sa pensée.

Soucieux de ses intérêts propres autant que de ceux du gouvernement, il posséda, après son maître, la plus grande fortune de l'Égypte; mais son maître et le gouvernement ont suspendu leurs paiements.

Tel était l'homme avec lequel les financiers européens devaient désormais compter.

L'échec de M. Cernuschi laissait MM. Oppenheim seuls maîtres du terrain. Ils n'avaient eu garde de trop s'avancer au fort de la lutte. Calquant l'importance de leurs offres sur celle de leur concurrent, ils avaient lancé le chiffre de deux à trois millions de livres sterling, dont moitié ferme et moitié à option. Encore demandaient-ils, comme condition première, que toutes les émissions de bons se fissent désormais par leur entremise. C'était un contrôle et un frein tout à la fois ; et le vice-roi ne pouvait s'en accommoder. L'idée lui vint d'utiliser l'assemblée des délégués, qui se trouvait alors en pleine session. Il était, du reste, urgent de raffermir l'autorité morale du pouvoir, profondément ébranlée par l'aventure Lachevardière, la rupture avec M. Cernuschi et les mille incidents héroï-comiques dont la cour avait été le théâtre, et qui avaient égayé Alexandrie et le Caire pendant toute la saison. Car, des affirmations et des promesses de l'Altesse et de son ministre des finances, on ne faisait plus cas que pour la forme, et lorsque les circonstances ou la politesse l'exigeaient.

Donc, dans les premiers jours de mai, à la requête d'Ismaïl Pacha Sadick, et par ordre du vice-roi, le président de l'assemblée des délégués proposa et fit voter un emprunt national de

l. st. 3,000,000. Les nouveaux titres seraient émis au pair, et produiraient 10 p. 100 d'intérêt. Le remboursement s'en effectuerait par tirage au sort en huit années, à partir de la troisième année après l'émission. Des lots seraient affectés comme primes aux premiers numéros sortants. Mais de garanties, point; sans doute parce que l'opération était nationale, et que les seuls Égyptiens étaient admis à en assurer la réalisation de même qu'à en partager les bénéfices. L'empressement à souscrire fut pourtant des plus modestes. Était-ce faute de ressources ou manque de confiance? Dans le doute, et sans vouloir rien approfondir, le ministre décida que l'emprunt, de national, deviendrait intérieur. Rien que ce changement d'épithète ouvrait les portes de la souscription aux résidents étrangers. Chose surprenante! aucun ne se présenta; et, tout comme l'emprunt national, l'emprunt intérieur échoua.

On eût dit que le gouvernement lui-même avait conscience du discrédit dans lequel il était tombé, tant il s'entourait de précautions. Au plus fort de ses élucubrations financières, et sans en attendre le résultat, le ministre avait négocié en tapinois l. st. 2,000,000 de bons Malieh à longues échéances, dont les trois quarts à MM. Oppenheim, qui, de cette façon, prenaient barre sur l'emprunt projeté, et le reste à divers banquiers du Caire et d'Alexandrie. En même temps, il réglait, toujours en bons, l'achat des eaux d'Alexandrie, dont l'établissement premier avait coûté moins de francs 3,000,000 et qu'il avait payé francs 9,000,000, et le solde de l'indemnité allouée à la Compagnie du canal de Suez, solde qui s'élevait encore à francs 30,000,000. La dette flottante se trouvait ainsi accrue subitement de près de fr. 100,000,000; mais du moins les réclamations les plus urgentes étaient écartées, et l'Altesse pourrait entreprendre, la bourse pleine, le voyage qu'elle avait projeté.

L'hiver avait été rude de toutes façons pour le vice-roi. En dehors des préoccupations financières qui le harcelaient, il avait souffert d'une affection de la gorge qui, mal définie et mal soignée au début, avait pris un moment une tournure assez inquiétante. Sur les instances du harem, l'auguste malade avait dû rappeler son médecin ordinaire, qu'un incident de cour assez obscur et diversement commenté avait précipité en pleine disgrâce, et contraint à quitter le pays. Depuis son retour, on constatait une amélioration très-marquée; mais une ou plusieurs saisons d'eaux étaient jugées indispensables pour assurer une complète guérison.

Comme première station balnéaire, on choisit la ville de Brousse, dont on avait fait analyser les eaux au préalable. De cette façon le vice-roi serait à portée de Constantinople, où des intérêts pressants, concernant l'avenir de sa famille plus encore que la prospérité de l'Égypte, réclamaient sa présence. De Brousse il se rendrait à Ems ou aux Eaux-Bonnes, et irait s'embarquer à Marseille, mais non sans s'être arrêté quelques jours à Paris. Il avait conservé plus d'un doux souvenir de son récent voyage dans cette capitale, et Nubar Pacha comptait sur sa présence pour mettre la dernière main à la réforme judiciaire, dont les négociations étaient très-avancées.

Le vice-roi monta à bord de son yacht le 30 mai, et leva l'ancre le lendemain à l'aube. Les consuls généraux en avaient été informés par une circulaire que l'organe officiel du gouvernement inséra dans son numéro du 3 juin. Mais ce même numéro publiait des documents d'une bien autre importance. On y trouvait, en effet, le résumé des discussions de l'assemblée des délégués sur la question financière, et un tableau peut-être un peu trop succinct du budget de prévision de l'année copte 1585 (septembre 1868 à septembre 1869). Ce tableau, cela va sans dire, se soldait par un excédant : rien que 516,884 bourses (près de francs 65,000,000) sur un total de recettes de 1,458,111 bourses, c'est-à-dire plus du tiers.

Munis d'un pareil bilan, les *délégués* étaient en droit de réclamer des explications sur la gêne du trésor et la nécessité d'un emprunt. Le ministre des finances et celui de l'intérieur se chargèrent de les fournir devant une commission nommée *ad hoc* par l'assemblée. — Du rapport de cette commission il résulta que la dette générale du gouvernement s'élevait à liv. st. 22,000,000, dont 14,500,000 imputables à Saïd Pacha, 4,000,000 payées à la Compagnie de Suez pour l'indemnité et pour le rachat du canal d'eau douce, et 3,500,000 à la charge de l'administration régnante. Dans ce total de l. st. 22,000,000, la dette garantie (titres d'emprunt, obligations de la Medjidieh, etc.), figurait pour l. st. 12,200,000 ; restait donc livres sterling 9,800,000 de dette flottante en bons du Malieh et du chemin de fer. Les bons des diverses daïras avaient été exceptés, comme n'intéressant pas le gouvernement.

Or le service de la dette garantie avait été compris dans les prévisions budgétaires ; il n'y avait donc pas à s'en inquiéter. Mais il en était autrement de la dette flottante, qui n'était répartie que

sur trois années au plus, et dont le remboursement imminent pesait sur la situation. Il fallait y
pourvoir.

Le ministre, d'accord avec l'assemblée, remplaça
l'emprunt intérieur, qui avait fait fiasco, par une taxe
extraordinaire de un sixième, à percevoir pendant
quatre annnées (de 1584 à 1587) sur les terrains
payant impôts et dîmes et sur la cote personnelle.
Il obtint ainsi l. st. 2,000,000. Pour les autres
l. st. 6,800,000, il proposa d'émettre un emprunt
de l. st. 6,000,000 effectives, *exclusivement* destiné
à éteindre la dette flottante, soit en échangeant
les bons contre les titres dudit emprunt, soit en
les rachetant. Dans l'un ou dans l'autre cas, la
différence de l. st. 800,000 serait compensée par
le produit de l'escompte des bons convertis ou
rachetés, dont l'échéance moyenne était d'environ
dix-huit mois.

L'opération était radicale. Plus de dette flottante ! Et, dans la petite allocution que le ministre
fit à cette occasion aux *délégués*, il déclara solennellement que les bons seraient détruits immédiatement au fur et à mesure de leur rentrée. Le public l'accusait de remettre des titres rachetés en
circulation.

L'assemblée approuva.

Pendant que se jouait cette comédie pseudo-constitutionnelle, MM. Oppenheim avaient vigoureusement poussé les négociations, et le 1ᵉʳ juin le ministre signait une convention provisoire qui leur assurait l'emprunt. L'opération était de livres sterling 6,000,000 effectives, amortissables en quinze années, et garanties par le produit des douanes, du péage des écluses et de tous les affermages, sel, pêcheries, salaisons, etc., d'un total annuel de l. st. 1,000,000.

Le gouvernement s'engageait à verser annuellement aux contractants, en deux sémestrialités égales, l. st. 848,595 pour intérêts, amortissement *et primes* affectées au tirage (en tout 11 1/2 p. 100). Le vice-roi tenait à ce qu'il y eût des primes.

L'émission aurait lieu simultanément à Londres, Paris et Alexandrie. Les bons de toutes échéances seraient acceptés en paiement des nouveaux titres, au pair pour ceux ayant moins de sept mois à courir, et sous escompte de 9 p. 100 pour tous les autres.

Une jouissance d'intérêt de trois mois, plus une bonification de 3 p. 100 sur les paiements en espèces et de 2 p. 100 seulement sur les paiements en bons, serait accordée aux souscripteurs.

Les contractants prenaient l. st. 2,000,000 à forfait. Le ministre leur allouait 3 p. 100 de commission sur le montant net du total placé, 1/2 p. 100 sur chaque semestrialité, et une somme de l. st. 20,000, une fois payée, pour les frais.

Le gouvernement s'interdisait formellement l'émission de tout nouvel emprunt pendant un délai de cinq ans.

Au cas où les contractants prendraient tout l'emprunt à forfait avant l'émission, ils jouiraient sur toute la somme des avantages ci-dessus stipulés.

Ce n'était là qu'un premier jet, et le ministre était loin d'avoir dit son dernier mot. Aussi le vice-roi en partant lui avait-il laissé les pouvoirs nécessaires pour poursuivre les négociations. Dès le 4 juin, les parties signaient une première annexe laissant aux contractants la liberté de fixer le jour de l'émission, et réglant la remise au ministre des finances des coupons échus et des titres amortis, dont la semestrialité aurait été versée.

Le 8, deuxième annexe; l'emprunt était porté à l. st. 7,000,000, l'amortissement à vingt et un ans, et l'annuité à l. st. 870,042. Aux garanties précédemment énumérées, on ajoutait les droits sur

les immeubles, sur le menu bétail et sur la fabrica-
tion de l'huile.

Enfin, le mardi 7 juillet, l'affaire fut bâclée par
une dernière convention, qui élevait à livres sterling
8,000,000 le montant de l'emprunt, à l. st 953,297
l'annuité, et à trente années la période d'amortissement. En outre, la jouissance des intérêts était
fixée à quatre mois, la garantie du droit des immeubles était remplacée par les droits de pesage
et de navigation sur le Nil, et les contractants,
prenant à forfait les l. st. 8,000,000, restaient
libres de régler à leur guise l'émission des nouveaux titres vis-à-vis du public.

Pour avoir marché lentement, le ministre n'en
avait pas moins fait beaucoup de chemin. Les délégués eussent pu lui demander en vertu de quelle
déception ou de quelle erreur de calcul la somme
de l. st. 6,000,000, qui, d'après son affirmation
solennelle, suffisait largement en mai pour éteindre
la dette flottante, n'était plus suffisante en juillet.
Mais l'assemblée avait été remerciée le jour où l'on
n'avait plus eu besoin de son appui; et ce n'était
vraiment pas trop d'un surcroît de 2.000.000 l. st.
pour payer les fêtes splendides, les cadeaux prin-
ciers et sans doute aussi les gratifications orientales
qui marquaient le séjour de l'Altesse à Constan-

tinople. Qu'importaient du reste les plaintes des contribuables? On n'avait plus souci que des souscripteurs.

Malgré les transes du dernier hiver, les demandes de participations affluèrent. L'opération ressortait autour de 61.25 p. 100. Quelle aubaine! Aussi le succès de l'émission fut-il assuré. Elle eut lieu les 16, 17 et 18 juillet en l. st. 11,890,000, ou francs 297,250,000 de titres 7 p. 100 au prix de 75. Le tirage fut fixé en avril et en octobre, et le paiement des coupons au 15 janvier et au 15 juillet de chaque année. Quant aux primes à affecter aux premiers numéros sortants, on passa outre; la pensée du vice-roi était ailleurs.

Tous comptes faits, au lieu des l. st. 8,000,000 effectives sur lesquelles il tablait, le gouvernement ne toucha que l. st. 7,195,384, ce qui porta le revient à 13 1/4 p. 100, intérêts et amortissement. Il eût été difficile de plus mal faire. Mais au moins la situation financière était-elle réglée, comme on le criait sur tous les tons? Ou mieux, en avait-on fini avec la dette flottante, et n'existait-il plus de bons Malieh sur le marché?

Personne ne s'était mépris sur l'insuffisance de l'emprunt: ni le vice-roi, ni les contractants avec le cortége d'établissements qui leur faisait suite,

Le premier avait agi à la turque, sans autre visée que de sortir momentanément d'embarras, sauf à y retomber dès que le relèvement de son crédit le lui permettrait. Quant aux seconds, laisser un reliquat de dettes destiné à faire la boule et à fournir bientôt l'occasion de nouvelles affaires : tel était leur intérêt, auquel ils n'avaient pas pour habitude de contrevenir. Au reste le pays était riche, et rien ne faisait prévoir qu'il fût épuisé de si tôt. Comme pour donner raison à ce vilain calcul, les émissions de bons recommencèrent avant même que les titres du nouvel emprunt eussent été complétement délivrés. On en avait négocié à Constantinople pendant le séjour de l'Altesse; on en négocia en Égypte après son retour.

Contrairement à l'itinéraire tracé au moment du départ, Ismaïl Pacha, se sentant tout à fait rétabli, avait renoncé à se rendre à Ems ou aux Eaux-Bonnes, pour passer tout le temps de son absence dans la capitale de l'empire. Ce séjour, prolongé au delà de toute prévision (trois mois et demi), ne laissait pas que d'inquiéter le Caire et Alexandrie. On le trouvait au moins imprudent, au moment où une vaste opération financière mettait des sommes importantes aux mains de l'auguste visiteur. Comment repousser en face et de vive voix les demandes d'argent dont il serait sûrement assailli? Les banquiers supputaient ce qu'avait coûté le firman de l'hérédité (mai 1866), celui qui conférait à l'Altesse le titre de khédive (juin 1867) et ce que coûtaient chaque jour encore les négociations pour la réforme judiciaire. Suivant eux, l'Égypte n'obtenait rien de la Porte qu'à beaux deniers comptants. Et vraiment les envois de groupes qui coïncidèrent (août 1868) avec l'élévation de l'héritier présomptif, Tevfick Pacha, au grade de vizir, prêtaient une singulière apparence de vérité à ces appréciations. Ce fut donc avec un sentiment de soulagement que l'on apprit que le khédive, s'arrachant aux séductions dont il était entouré, serait de retour dans le courant de septembre. Il débarqua en effet le 22 à Alexandrie.

L'amélioration causée dans les escomptes par l'emprunt avait persisté malgré tout. En bons Malieh (il en existait au choix en dépit de la conversion), les échéances de moins de quatre mois étaient recherchées à 6 1/2 et 7 p. 100, et celles de vingt-quatre à trente mois à 8 p. 100. Ce fut l'apogée. Le gouvernement lui-même se chargea de réveiller l'inquiétude par une histoire d'attentat (22 octobre), non moins sottement inventée qu'imprudemment accréditée par ses agents; par les pratiques à bon droit suspectes dont le khédive entoura l'expulsion de son oncle, Halim Pacha (10 novembre), et par les manifestations de sympathie que recueillit le prince exilé. Aussi la fumée des innombrables lampions dont s'était paré le Caire pour fêter la rentrée du maître était à peine dissipée, que le marché des valeurs égyptiennes s'assombrissait. Non-seulement les taux d'escompte empiraient de 1 p. 100 en moins d'une semaine, mais le nouvel emprunt se traînait péniblement autour de son prix d'émission, sans réussir à le dépasser franchement. La situation du gouvernement devenait ridicule vis-à-vis du public, à qui il avait promis monts et merveilles ; et les contractants ne se montraient satisfaits qu'à demi d'un état qu'un rien pouvait aggraver à leur grand détriment. Le différend turco-hellénique venait d'éclater (décembre) et semait plus d'un point noir à l'horizon.

Réunis par la communauté d'intérêts, les contractants et le ministre se mirent d'accord pour frapper un grand coup. Tandis que les premiers s'engageaient par un avis officiel à escompter les bons de la daïra à raison de 7 p. 100, le second annonçait que le Malieh retirerait les siens à 8 p. 100. Mais trop d'habileté faillit faire échouer le complot. Quelques courtiers s'étant portés acheteurs à 6 p. 100, on reconnut la main du ministre dans ce renchérissement exagéré, que rien ne motivait. De là à conclure à une manœuvre dont le but était d'éloigner les vendeurs des guichets du trésor, en les fortifiant dans l'espoir de mieux faire sur le marché libre, il n'y avait qu'un pas. On apprit, en effet, quelques jours après, que l'administration faisait des règlements à un an de date sur le pied de 10 p. 100. Aussi l'effort n'eut-il d'autre résultat que de ramener momentanément les escomptes autour de 8 p. 100 ; et c'est sur ce taux que finit l'année 1868.

CHAPITRE IV.

L'année 1869 s'ouvrit sous de fâcheux auspices. Le différend turco-hellénique, peu sérieux au début, s'envenimait, et la riche et puissante colonie grecque d'Alexandrie s'était émue d'une guerre dans laquelle l'Égypte serait forcément entraînée. Éventualité terrible, autant pour les sentiments d'ardent patriotisme dont elle est animée, que pour ses intérêts commerciaux et financiers.

En même temps, quelques journaux d'Europe parlaient d'un nouvel emprunt. Bien que le bruit n'eût aucun fondement, il ne laissait pas que d'inquiéter l'opinion. Mais il fallut se rassurer devant les explications détaillées et les solennelles assurances que donna le khédive, dans le discours qu'il prononça le 28 janvier, à la séance d'ouverture de la chambre des délégués. Le document était de grande importance. Après un exposé financier dont je dirai plus loin quelques mots, venait une longue énumération des travaux exécutés depuis l'avénement : chemins de fer, bassin de radoub, quais, ponts, canaux, écluses, etc. ; et malheureusement aussi un aperçu des réformes apportées dans l'organisation et l'armement des forces de terre et de mer. Le désir de justifier ses dépenses entraînait cette fois le khédive beaucoup trop loin ; et la Porte prenant note de ses aveux imprudents, se réservait de les lui faire payer cher au premier conflit.

La dernière partie du discours était un chant d'actions de grâces à la Providence, mot imprévu dans la bouche d'un musulman. Suivant l'orateur, c'était la Providence qui lui avait inspiré, soufflé, les cinq points du programme qu'il s'était tracé à son avénement au pouvoir, et qu'il avait scrupuleusement rempli, à savoir : 1° l'abolition de la corvée ; 2° le développement du commerce et de l'agriculture ; 3° la diffusion de l'instruction publique ; 4° la fixation d'une liste civile pour ses dépenses personnelles ; 5° la réforme judiciaire, « aux principes de laquelle toutes les grandes puissances avaient adhéré. »

Il n'y avait que peu de mal à cet étalage, plus de vantardise que d'inexactitude ! Qui eût songé à s'en plaindre ! Mais où le naturel reprenait le dessus et éclatait dans toute sa laideur, c'est lorsque l'orateur disait : « Les dettes contractées par Saïd Pacha s'élevaient à l. st. 22,000,000, comme vous (les délégués) l'avez reconnu..... » et plus bas : « Notre dette est réduite aujourd'hui à l. st. 17,000,000 environ, y compris le dernier emprunt. »

Sur le premier point, l'erreur était évidemment calculée, volontaire. Le rapport officiel des délégués publié le 2 juin 1868, portait à l. st. 14,500,000 seulement le montant des dettes laissées par Saïd Pacha, et encore cette somme était-elle trop forte de l. st. 3,500,000, comme je l'ai démontré. Quant à la réduction de la dette au chiffre de l. st. 17,000,000, l'affirmation était grotesque. Rien qu'en additionnant le principal des emprunts 1862, 1864, 1866 (chemin de fer) et 1868, dû au 1er janvier 1869, on arrivait à l. st. 22,797,977, et rien de la dette flottante non plus que de la Daïra n'était compté. Or, la dette flottante n'était, en aucun cas, inférieure à l. st. 7,000,000. En effet, si, aux l. st. 9,800,000 de bons constatés en juin par l'assemblée des délégués, on ajoutait l. st. 1,200,000 pour les émissions faites à Constantinople et au Caire, et l. st. 2,000,000 de comptes courants débiteurs, de règlements en cours et d'indemnités à payer, on arrivait à un total de l. st. 13,000,000. Or, il était de notoriété publique que l'emprunt n'avait éteint que l. st. 6,000,000 de bons, dont 4,000,000 convertis par les contractants, et l. st. 2,000,000 payés aux échéances ou rachetés par le gouvernement. La dette générale s'élevait donc à l. st. 30,000,000 environ, dont l. st. 22,797,977 d'emprunts et l. st. 7,000,000 de flottant, au lieu de l. st. 17,000,000! On ne pouvait de bonne foi s'illusionner à ce point.

Mais que devenait, avec ces données malheureusement trop exactes, le budget de prévision de l'année copte 1585 (septembre 1868 à septembre 1869), sinon un document vain et menteur? Rien que la répartition de la dette flottante sur deux exercices, en troublait l'économie au point de changer en un déficit de l. st. 1,868,872 l'excédant de plus de l. st. 2,500,000, que le ministre avait fait miroiter aux yeux de ses créanciers. C'est ce qu'indique le tableau suivant :

BUDGET DE L'ANNÉE COPTE 1885.

RECETTES.		DÉPENSES.
l. st. 7,290,555	Chiffres officiels.	l. st. 4,706,130
	Service du nouvel emprunt.	953,297
	1/2 des l. st. 7,000,000 de	
	dette flottante.	3,500,000
1,868,872	. . . . . . Déficit.	
l. st. 9,159,427		l. st. 9,159,427

Bien que le gros du public fût loin de soupçonner une pareille situation, la publication du discours du khédive, qui n'eut lieu que le 13 février (on avait mis quinze jours à polir le morceau), fut le signal d'une réaction presque instantanée dans les taux des escomptes. En bons Malieh, on offrit les échéances de 10 jusqu'à 20 mois à 9 p. 100, et celles de 30 mois et au-dessus à 9 1/2 p. 100. L'avenir inquiétait. Il se produisit même une alarme assez vive au camp des haussiers, à l'apparition soudaine sur le marché de bons datés du 4 avril 1868, et payables le 29 août 1871. On crut de la part du ministre à une manœuvre d'un nouveau genre, quelque chose comme une antidate, afin d'écarter tout soupçon de nouvelles émissions. Heureusement, le printemps approchait, la saison cotonnière tirait à sa fin, et l'argent revenait de l'intérieur à Alexandrie, où il n'avait d'autre emploi pour l'été que les valeurs du gouvernement. La demande qui en résulta suffit à soutenir les cours et à empêcher une plus forte dépréciation.

Le khédive employa la seconde quinzaine de mars à visiter l'isthme de Suez, et assista à la cérémonie d'ouverture du barrage qui séparait encore la Méditerranée des lacs amers. Il rentra au Caire enthousiasmé de l'œuvre de M. de Lesseps, et il y a lieu de croire qu'à partir de cette époque son siége fut fait, concernant l'attitude qu'il prendrait à l'occasion des fêtes de l'inauguration du canal.

Dans les premiers jours d'avril, la colonie européenne s'était émue d'un attentat organisé au grand théâtre du Caire contre les jours de l'Altesse. Vérification faite de l'engin destiné à la perpétration du crime, l'inquiétude se dissipa. Il y avait eu pour le prince, non pas danger, mais simulacre de danger, avec tentative de chantage par voie d'intimidation. La plaisanterie, bien que trop forte, était de saison. Le marché financier n'y prit garde, non plus qu'à la prorogation de l'assemblée des délégués, qui se sépara le 25. Et pourtant, ce dernier incident méritait de fixer l'attention. Non-seulement la chambre n'avait ni élaboré, ni publié de budget, mais les sujets assurément variés de ses délibérations et de ses votes étaient tenus sous le boisseau. A peine savait-on vaguement que, sous la pression du ministre des finances, elle s'était principalement occupée d'établir de nouveaux impôts. On citait entre autres un droit de capitation sur les bêtes de somme et de labour (bœufs, buffles, chevaux, vaches, chameaux et baudets), âgés de plus de trois ans, ce qui, par parenthèse, nécessiterait, pour la juste répartition de cette taxe bizarre, la création d'un état civil d'un genre tout particulier.

Le public s'étonnait bien un peu de ces demandes d'argent réitérées, quelques mois à peine après l'émission d'un emprunt de l. st. 8,000,000, et au cours d'un exercice présentant un boni de plus de l. st. 2,500,000. Mais les capitaux regorgeaient, et comment les mieux employer? Tout péril immédiat était du reste écarté, et l'on n'avait de préoccupation que le départ prochain du vice-roi, qui méditait de faire aux principales cours de l'Europe des visites dont on attendait le plus grand bien pour l'indépendance de l'Égypte. Au dire de tout le monde, l'ouverture du canal était pour ce une incomparable occasion.

Séduit, fasciné, entraîné par M. de Lesseps, et jaloux de réparer royalement ses anciens torts envers la Compagnie, l'Altesse voulut organiser et payer de ses propres deniers les fêtes de l'inauguration. Elles seraient splendides. Rien qu'un concours de têtes couronnées n'était capable de satisfaire la vanité ambitieuse de l'amphitryon ; et pour plus de sûreté, lui-même procéderait en personne aux invitations. Dieu sait quel monde de calculs politiques couvait sous tant de généreux empressements ! Quoi qu'il en soit, il partit pour l'Europe dans le courant de mai ; et, sans se préoccuper d'obtenir l'agrément du sultan son maître, il visita successivement les cours de Florence, de Vienne, de Berlin, de Paris et de Londres. L'accueil fut partout sympathique et parfois cordial ; et rien n'eût troublé la joie de l'auguste voyageur, sans l'attitude menaçante que prit tout à coup Constantinople. Vers la mi-juin, avant même que l'Altesse eût posé le pied en Angleterre, Abdul Azis, considérant les invitations faites par son vassal aux souverains d'Europe comme une infraction à ses prérogatives, enjoignit à ses représentants à l'étranger de protester.

Je ne m'étendrai pas sur les péripéties de cette crise, qui dura plus de six mois, et dont le dénoûment coûta au khédive la meilleure part de ses armements et de sa marine de guerre, l'obligation de soumettre désormais ses budgets à l'examen de la Porte, et la défense d'augmenter les impôts ou de négocier de nouveaux emprunts avant d'avoir obtenu l'autorisation du sultan. La chute était rude, humiliante ! Compromettre son autonomie pour avoir rêvé son indépendance ! Mais le khédive savait trop la façon d'amener la Porte à résipiscence pour s'inquiéter sérieusement, et l'incident, je n'ose dire la leçon, fut vite oublié.

Ni le voyage coûteux du vice-roi, ni le conflit avec Constantinople, n'amélioraient la situation financière du gouvernement; loin de là ! En mai et juin, le ministre avait dû subir le taux de 11 p. 100 pour placer l. st. 400,000 d'obligations nominatives échéant en octobre, dont partie était destinée à compléter le coupon de juillet de l'emprunt de la Daïra. Soit méfiance, soit manque de ressources, les banquiers du Caire et d'Alexandrie ne répondaient plus que faiblement aux appels du Malieh. Le khédive profita de son passage à Paris pour essayer d'y porter remède, et il entama, dans ce but, d'importantes négociations. Dans le nombre figurait l'établissement d'une banque nationale et d'un crédit foncier. Mais ni l'organisation administrative et commerciale de l'Égypte, ni l'état de sa législation ne comportaient le fonctionnement d'agents de crédit aussi perfectionnés. Il était de plus facile de démêler les visées toutes personnelles de l'Altesse sous les élucubrations économico-financières auxquelles elle se livrait dans l'intimité. Aucun capitaliste n'osa tenter l'entreprise.

Que voulait au fond Ismaïl Pacha? Rendre artificiellement à son crédit une vie nouvelle, le fortifier, l'étendre, l'universaliser, si possible, afin de pouvoir s'adonner à sa guise aux émissions dont le désir le travaillait sans relâche. Pour cela, pas n'était besoin d'institutions quasi-gouvernementales, dont le contrôle l'eût vite entravé et lassé! Quelques bonnes banques habilement montées suffiraient, pourvu qu'il y conservât la haute main comme principal actionnaire. Le placement serait du reste aussi avantageux que sûr, car ne bénéficierait-il pas dans la proportion de ses apports du produit des affaires qu'il aurait procurées comme vice-roi? L'idée était ingénieuse, si elle n'était empreinte de délicatesse ni morale! Lui vint-elle naturellement, ou lui fut-elle adroitement suggérée? Je l'ignore. En tout cas, il ne fut pas long à la mettre en pratique.

Dans le courant d'août, le ministre avait négocié à M. Lévi Crémieux, pour compte de la Daïra, l. st. 1,000,000 de bons Malieh à 15, 16 et 18 mois. Ce fut l'origine de relations qui, grâce à l'entremise d'un agent financier que l'Altesse entretenait à Paris, frisèrent un moment l'intimité, et donnèrent naissance à la banque franco-égyptienne, que nous verrons bientôt chargée d'émettre un emprunt comme cadeau de joyeux début.

Dans le même ordre d'idées, l'Altesse avait eu quelques entrevues personnelles et des pourparlers suivis, par le canal de Nubar Pacha, avec MM. E. de Girardin et consorts. Il en sortit, sous la dénomination de Société générale égyptienne, un établissement, mi-industriel et mi-financier, dont la cassette vice-royale fit à peu près tous les fonds, et assurément tous les frais. Le but avoué était le creusement d'un grand canal destiné à arroser la partie nord-ouest du Delta, et la création d'obligations foncières sur les terrains ainsi fertilisés et livrés à l'agriculture. Mais la combinaison versa dans une opération de pure finance, qui fut elle-même abandonnée en chemin, et elle s'évanouit, non sans avoir coûté gros à son auteur.

Pendant que le vice-roi s'essayait la main, le marché des escomptes allait à la dérive. En Égypte, les premiers jours de novembre avaient été marqués par une panique, et Paris, où partie de l'opération de M. Lévy Crémieux (l. st. 1,000,000) était encore flottante, avait subi le contre-coup. En vertu d'ordres reçus de Constantinople, le ministre venait de lancer aux mudirs une circulaire prohibant toute levée d'impôts durant soixante jours; et bien que l'on sût que penser de l'exécution d'une pareille mesure, les banques avaient pris peur. Comment faire face en effet, sans rentrées, aux besoins qui pressaient, dans l'état de vide constaté où se trouvaient les caisses du Malieh? Les bons de 18 à 22 mois furent offerts à 12 1/2 p. 100. Le ministre essaya bien d'enrayer la baisse en proposant officieusement d'escompter les mêmes échéances à 10 1/2 ; mais il s'en présenta en telle quantité, qu'il dut s'arrêter : et l'amélioration qu'avait causée la tentative ne put se maintenir. Fin octobre, après six semaines d'une tendance détestable, on pratiqua couramment les taux de 14 à 14 1/2 p. 100 pour toutes les échéances indistinctement.

Et pourtant, ni le vice-roi, ni le ministre n'épargnaient leurs peines pour mettre le trésor au large. Le premier s'était d'abord ingénié à reculer les époques de remboursement de l'emprunt du chemin de fer (1866). L'allégement eût été considérable ; mais le Comptoir d'escompte, à qui l'opération fut proposée, recula devant la difficulté de se substituer, lui ou ses clients, aux droits des premiers obligataires, et devant les prétentions relativement exagérées (12 p. 100 maximum) de l'emprunteur. Le ministre se rabattit alors sur des émissions partielles, et chargea des intermédiaires, banquiers et courtiers, de placer des obligations nominatives (effadats) ou des bons du trésor à longues échéances, quand on refuserait d'accepter les obligations, ce qui arrivait fréquemment. Le succès eût sans doute couronné tant d'efforts, si la question politique ne fût venue se poser en travers. La crise entre le Caire et Constantinople avait été un instant si aiguë, que le khédive, inquiet de l'avenir, avait jugé prudent de placer en lieu sûr, chez un banquier parisien que chacun nommait, une cinquantaine de millions de francs. Qu'on juge de l'effet produit par une pareille précaution !

Mais, au moment où les plus confiants, perdant courage, chiffraient et rechiffraient le total des émissions du Malieh, et constataient l'existence d'une dette flottante de près de l. st. 10,000,000, le marché changea subitement d'aspect, et les escomptes s'améliorèrent de 1 à 1 1/2 p. 100. D'où venait ce regain de faveur ? Une banque d'Alexandrie, disait-on, s'était chargée du service des emprunts contre bons du trésor payables à Londres et à Paris. On taisait les conditions. La rumeur ne pouvait qu'être fausse. C'est ce dont on ne fut malheureusement convaincu que trop vite, quand on vit le vice-roi user en vain la réserve qu'il gardait précieusement en Europe, pour maintenir la position. La question de confiance se dressait de nouveau, comme dans l'automne de 1867 ; et l'apparition (20 novembre) de bons au 18 novembre 1871, indice certain d'une nouvelle émission, n'était guère propre à la résoudre. On traversa pourtant sans incident désagréable la longue série des fêtes de l'inauguration du canal de Suez.

Ces fêtes furent splendides. Rien n'y manqua : ni le décor, ni la mise en scène, ni l'assistance. Têtes couronnées, princes du sang, illustrations des lettres, des arts, de la politique et de la science, s'étaient donné rendez-vous à Port-Saïd. Ils en partirent pour une tournée triomphale le long du canal et au Caire, étonnés et ravis d'avoir trouvé une ville florissante là où, dix ans auparavant, les premiers pionniers de l'isthme luttaient contre l'enlisement dans des marécages sans fond.

Mais tout à une fin ici-bas : feux d'artifices, bals, festins, représentations de gala et le reste ! Le jour vint où la silhouette du dernier invité s'évanouit dans la fumée du dernier lampion. Le quart d'heure de Rabelais allait sonner; il fut dur au gouvernement égyptien. Le total des frais approcha de l. st. 4,000,000.

L'arrangement définitif du conflit avec la Porte, confirmé par un firman dont la lecture fut donnée au Caire le 11 décembre avec le cérémonial obligé, mais sans la pompe habituelle, était une maigre compensation à tant de dépenses. On eut pourtant un instant l'espoir de voir la crise se détendre. La Société générale égyptienne s'était chargée de placer, au taux de 90. pour du 7 p. 100, des coupures de fr. 500, 1,000, 2,500 et 5,000, remboursables en avril 1874, et garanties par un dépôt équivalent de bons du trésor. Mais l'habileté de MM. Janty, Gibiat et consorts, échoua devant la méfiance du public; et, comme je l'ai déjà dit, l'opération, que l'on avait rêvé de pousser jusqu'à fr. 50,000,000 et plus, fut laissée piteusement en chemin, sans avoir fourni le plus petit résultat.

Cette déconvenue causa un moment de grande anxiété au Caire. L'annuité de l'emprunt du chemin de fer arrivait à échéance le 1er janvier, et le coupon de l'emprunt de la Daïra le 8 du même mois. Le temps pressait. L'intervention personnelle du khédive permit de surmonter cette fois encore la difficulté, grâce à un prêt de l. st. 300,000 qu'il accepta d'un de ses opulents visiteurs. Quant aux bons, le Malieh dut subir le taux de 14 p. 100, plus 1 p. 100 de commission, pour des échéances de trois mois. C'est seulement à ces conditions ruineuses que quelques banques d'Alexandrie consentirent à mettre en portefeuille la signature du ministre.

L'année 1869 avait tenu pis encore qu'elle ne promettait au début. Difficultés politiques inquiétantes et péniblement apaisées ; agravations de charges de toutes natures et reconstitution d'une dette flottante (l. st, 12,000,000 minimum) hors de toute proportion avec les ressources : tel en était le bilan. L'éclat des fêtes de l'inauguration avait fait oublier un moment les dangers de la situation ; mais, l'enthousiasme une fois éteint et l'ivresse dissipée, on s'aperçut qu'ils avaient grandi, et que ces fêtes elles-mêmes n'avaient été qu'une longue série d'inutiles folies, puisqu'elles n'avaient procuré au pays aucune compensation aux frais énormes qu'elles avaient occasionnés.

Quant au khédive, il y avait puisé un redoublement de confiance en lui-même, de présomption et d'orgueil qui devait le conduire aux aventures les plus désastreuses. Tout par lui et tout pour lui, telle sera désormais la devise dont il poursuivra la réalisation *per fas et nefas*, sans nul souci de sa dignité, non plus que de l'avenir du pays, qu'il mènera en aveugle à la ruine.

CHAPITRE V.

1870-1873. — État du crédit du gouvernement égyptien. — Session de l'assemblée des *délégués*. — Silence du vice-roi; fâcheuse impression. — Inquiétudes. — Coup d'audace du ministre des finances. — Report de la dette flottante. — Création de la banque franco-égyptienne. — Second emprunt de la daïra; son but avoué. — Protestations. — Émission. — Échec. — Budget de l'exercice 1869-1870. — Dangers de la situation. — Idée première de la Moukabalah. — Guerre franco-allemande; son contre-coup en Égypte. — Bruits d'achat des chemins de fer, etc., etc. — Rapport du conseil privé sur la loi de Moukabalah. — Mise en vigueur de ladite loi. — Situation des escomptes. — Opération de l. st. 5,000,000 de bons. — Création des traites Moukabalah. — Rumeurs d'emprunt.

Le 1ᵉʳ janvier 1870, le crédit du gouvernement égyptien pouvait se mesurer d'après les données suivantes : à Londres, l'emprunt 1868, grâce aux soi-disant garanties spéciales dont on avait pris soin de l'entourer, valait 77, ou deux unités de plus que son taux d'émission. Quant aux bons Malieh, les échéances de 1 à 24 mois étaient offertes à Alexandrie à raison de 14 à 13 1/2 p. 100 d'escompte l'an. Et pourtant, de gros ordres d'achat venus d'Europe provoquaient une vive demande. Le ministre, aux aguets, crut l'occasion favorable pour battre monnaie, et offrit à Paris, au taux moyen de 12 p. 100, une somme de l. st. 2,400,000 en titres échelonnés de 12 jusqu'à 20 mois. Mais tant d'empressement, au lieu d'allécher les acheteurs, les effraya ; et non contents de demander 14 p. 100, ils exigèrent que les bons fussent stipulés payables à Paris, et que le gouvernement s'engageât à ne faire aucune nouvelle émission pendant un laps de temps à déterminer. Cette dernière prétention ayant paru exorbitante, l'opération fut abandonnée.

Le ministre y suppléa en partie par un expédient qui donne une idée des pratiques auxquelles il ne rougissait pas de descendre dans les jours de grande disette. Au cours de l'été 1869, il avait vendu payables comptant, mais livrables seulement dans 5 et six mois, 500,000 ardebs et plus de graines de coton à provenir de la récolte encore en terre. Or, on touchait aux époques de livraison, et les acheteurs avaient constaté, avec beaucoup moins de surprise que de satisfaction, que, suivant la coutume presque invariable en pareil cas, les shoonahs [1] du gouvernement étaient absolument vides : au lieu d'emmagasiner au fur et à mesure des arrivages pour couvrir ses contrats, le ministre avait vendu, tirant ainsi, il est vrai, deux moutures d'un même sac, mais se mettant à l'entière discrétion de ses traitants.

Heureusement, ceux-ci n'avaient garde de tuer la poule aux œufs d'or en abusant de leur position. Ils se contentèrent de revendre au gouvernement à pt. 78 ce qu'ils lui avaient payé pt. 71, et acceptèrent d'être réglés en bons à un an, portant intérêt à 12 p. 100. C'était de l'argent à 18 p. 100 environ : aucune des deux parties ne songea à se plaindre.

Le 1er février, le vice-roi ouvrit la session de l'assemblée des délégués. L'événement était attendu avec impatience. On espérait trouver dans son discours, sinon un exposé net et catégorique de la situation intérieure et extérieure, au moins une assurance sur l'arrangement du conflit avec Constantinople, et les vues du gouvernement sur la quotité des impôts et le règlement de la dette flottante. Ni le nom du sultan, ni le mot de budget n'y étaient prononcés. Entre le remercîment traditionnel à la

____

[1] Magasins.

Providence et un appel à l'aide du Tout-Puissant, les délégués curieux de s'éclairer sur les actes de l'administration, étaient renvoyés aux ministres compétents, et là se bornait l'éloquence vice-royale. Qu'il y avait loin de cette extrême réserve à la quasi-prolixité dans laquelle le khédive s'était complu l'année précédente en semblable occasion ! Avait-il donc eu lieu de se repentir d'avoir trop parlé, ou bien la situation financière avait-elle empiré au point de rendre tout commentaire impossible, toute allusion dangereuse ? Quoi qu'il en soit, l'impression dans le public fut détestable. En vain essaya-t-on de l'atténuer, en répandant le bruit de l'arrivée prochaine d'un groupe de l. st. 400,000, expédié de Constantinople, à valoir sur les cuirassés et les fusils Rémington que l'Égypte avait livrés à la Porte. L'or du Sultan prendre la route du Caire ! Autant dire que le Nil refluait vers ses sources ! Ce grossier artifice n'obtint qu'un succès de fou rire.

On ne tarda du reste pas à apprendre que, pour parer au coupon de l'emprunt 1864 (1er avril), le Malieh avait dû négocier des effadats à 3 mois de date, à raison de 14 p. 100, plus 1/2 p. 100 de commission. La découverte fit du bruit. Non que le taux, si exorbitant fût-il, préoccupât beaucoup ;

mais le délai de 3 mois ? Était-ce bien là tout le crédit que les banquiers accorderaient dorénavant à l'Égypte ? L'inquiétude grandissait, et le moment devenait critique pour le ministre. Il s'en tira par un coup d'audace autant que d'habileté.

Mettant de côté tout souci de la dignité du poste élevé qu'il occupait, il résolut d'emprunter à la spéculation ses procédés les plus hasardeux. L'argent lui manquait, même pour entamer l'exécution du plan qu'il avait conçu. Grâce à d'adroits et discrets intermédiaires, il s'en procura en vendant livrables dans le délai de 30 jours, mais payables comptant, de fortes parties de bons à échéances de 12 jusqu'à 30 mois. L'opération ne lui coûta guère que 13 1/2 p. 100 (escompte). Puis, avec les espèces ainsi drainées, il chargea quelques banques d'acheter tout ce que l'on offrait de bons en dedans de six mois, désignant lui-même tour à tour les séries qu'il savait être les moins lourdes, et par conséquent les plus sensibles à un mouvement d'amélioration. L'effet fut prodigieux. Bien que le public n'eût pas tardé à voir clair dans ces menées, le branle une fois donné, les escomptes tombèrent de 14 à 9 p. 100. Les bons courts n'avaient pas tardé à manquer, et force avait été aux capitaux de s'adresser aux bons longs pour trouver un emploi.

Je laisse à penser si le ministre profita de l'aubaine !
Les acheteurs n'eurent qu'à désigner les échéances
et les appoints à leur convenance, pour être servis
à souhait ; et les planches à tirer ne cessèrent de
fonctionner que lorsque la baisse exagérée des
taux eut rebuté la demande.

Le tour était joué. La dette flottante, naguère si
inquiétante, était reportée à 18 mois en moyenne.
Toutefois, l'opération coûta cher au trésor. Tant en
différence d'escompte qu'en courtages et commissions, les frais dépassèrent 5 p. 100. C'était trop
payer un répit dont on ne devait user que pour
élargir le gouffre dans lequel on avait failli sombrer.

Malgré tout, le khédive et son ministre purent se
croire de grands financiers. Sans ressources nouvelles et rien que par un tour d'adresse, ils avaient
su faire d'un crédit à demi ruiné un crédit fort
respectable. Restait à consolider l'œuvre si heureusement commencée : c'est à quoi nous allons
les voir s'occuper l'un et l'autre, chacun dans sa
sphère.

Rendons à César ce qui appartient à César. Si le
muffettish était le bras qui prépare, manigance et
exécute, la tête qui invente et combine, c'était le
vice-roi. Personne ne s'y trompa quand, vers la se-

conde quinzaine de mars, alors que les escomptes tendaient à renchérir, on apprit que les démarches que son agent financier faisait à Paris pour l'organisation d'une banque avaient abouti. Lasse de frapper à la caisse de la Société générale égyptienne, sans réussir à en tirer même partie de ce qu'elle avait été à peu près la seule à y verser, l'Altesse avait brûlé la politesse à cette première création de ses rêves, pour s'aboucher avec MM. Bischoffsheim, Goldschmidt et consorts; et de cette nouvelle accointance venait de naître la banque franco-égyptienne, au capital de fr. 25,000,000. Ni l'entente, ni l'accouchement n'avaient été laborieux. L'Altesse elle-même, flanquée de son entourage, avait souscrit la majeure partie des actions (rien que le quart, ou fr. 6,250,000, pour sa part personnelle), et déposé dans le berceau de cette deuxième fille de ses œuvres un cadeau vraiment royal, un emprunt de la daïra. M. Lévi-Crémieux se fût rendu à moins.

L'annonce de cet emprunt fut accueillie avec méfiance par le public égyptien. Chacun venait de constater la disparition subite et presque miraculeuse des bons des deux daïras. D'un immense coup de râteau, le ministre avait tout raflé, au point de rendre introuvable un échantillon de ces titres, dont tout récemment encore il inondait la place d'Alexandrie à 20 p. 100 et plus d'escompte l'an. Le moment semblait étrangement choisi pour faire un appel au crédit.

Par contre, les besoins du Malieh renaissaient. Le report de la dette flottante n'avait pas été aussi radical qu'on l'avait pensé; car, en même temps que des effadats à six mois, une série de bons à trente-trois mois faisait son apparition sur le marché, et l'on accusait le ministre d'avoir pris à Londres, en compte courant, une grosse somme à un taux d'intérêt d'au moins 14 p. 100. Je passe sous silence, et pour cause, la cession faite à la Société générale égyptienne de fr. 35,000,000 de bons à cinquante-quatre mois d'échéance, à raison de 12 p. 100 d'escompte l'an, l'affaire ayant échoué par suite du refus du Malieh de délivrer les titres autrement que contre espèces. Tous ces symptômes étaient d'autant plus alarmants, que le contrat de l'emprunt de 1868 liait les mains au gouvernement pour cinq années, jusqu'en juillet 1873.

Après mûr examen, le public fut amené à conclure qu'en empruntant, la daïra agissait pour compte du gouvernement et non pour son propre compte. Maintes fois déjà les deux administrations ne s'étaient-elles pas prêté un mutuel appui? Et tout récemment encore, avec quels fonds le ministre avait-il débarrassé le khédive du souci de sa dette flottante, sinon avec les fonds du Malieh? En opérant la substitution dont on la soupçonnait, la daïra ne faisait donc que s'acquitter. Qu'un tel échange de procédés fût correct et digne d'un gouvernement qui a le respect de soi-même, personne, hormis les intéressés, n'eût osé le prétendre! Mais nécessité fait loi; et, quant à la délicatesse du ministre, nous savons ce qu'en vaut l'aune.

L'opération était du reste tombée en bonnes mains, et fut menée rondement. Voici comment elle se présentait, aux termes mêmes du contrat.

Le prix stipulé était de 70 p. 100. Mais, en défalquant les jouissances (quatre mois) et les commissions, le revient réel pour les contractants n'était que de 67 p. 100 environ. Quant à la daïra, contre l. st. 5,000,000 espèces, elle donnait livres sterling 7,142,860 d'obligations, produisant 7 p. 100 d'intérêt, et remboursables en vingt années, par tirage au sort : soit une charge annuelle de livres sterling 668,960, ou près de 13.38 p. 100 du capital reçu.

Comme garanties, le vice-roi déléguait les revenus libres de tous ses domaines, plus une hypo-

thèque spéciale sur 150,000 feddans de terres destinées à la culture de la canne à sucre.

L'émission fut fixée aux 26 et 27 avril, à raison de
78 1/2 p. 100 pour les souscripteurs en livres sterling, et de 79 1/4 pour les francs, afin d'établir la
parité entre les deux monnaies. Par surcroît de
précaution, le Comptoir d'escompte en fut chargé.
Prêteurs et emprunteurs avaient hâte d'en finir.
L'avenir était gros de menaces, et la légitimité de
l'emprunt violemment contestée par la presse,
qui provoquait l'intervention, tantôt de la Porte,
tantôt des contractants de l'emprunt de 1868. La
Porte, en effet, protesta par l'organe de son am-
bassadeur et de son consul général à Londres.
Mais on n'en tint aucun compte. Il serait oiseux
aujourd'hui de revenir sur les phases du débat.
Qu'il suffise de dire que l'émission fit long feu. Le
total souscrit par l'Europe et l'Égypte réunies
donna moins de l. st. 1,000,000 ou de 14 p. 100
du nominal demandé. Dans cette somme, Alexandrie figura pour l. st. 196,000 seulement. L'agence
du Comptoir d'escompte avait installé des barrières, et réclamé du gouvernement une escouade de
cawas pour maintenir l'ordre dans la foule présu-
mée des souscripteurs. Barrières et gens de police furent superflus; et vers le soir du second

jour, le ministre dut faire appel au dévouement des amis du khédive, et marcher à leur tête en personne pour animer, ne fût-ce qu'un moment, la solitude des guichets.

Le but avoué de l'emprunt était pourtant des plus louables. Quel emploi plus légitime, en effet, pouvait-on faire des capitaux demandés que de construire des usines à sucre, et d'installer des chemins de fer agricoles, pour exploiter les 150,000 feddans de terres dont les revenus en garantissaient l'intérêt et l'amortissement? Et où était le risque, puisque ces mêmes terres, ainsi améliorées, devaient fournir une récolte annuelle de 1,500,000 cantars de sucre, d'une valeur courante de I. st. 1,500,000, alors que le service de l'emprunt n'exigerait pas moitié de cette somme? Ainsi parlaient les prospectus d'émission. Malheureusement l'effet de ces promesses, dont on attend encore la réalisation, fut contre-balancé par la polémique des journaux, la protestation de la Porte et les préjugés des capitalistes anglais contre un titre exclusivement personnel, et n'ayant nullement le caractère d'une rente d'État, et l'échec, comme nous l'avons vu, fut complet.

Ni la banque franco-égyptienne ni le khédive ne s'en émurent. Prêteur et emprunteur, s'adjoignant quelques amis et l'entourage, avaient constitué une sorte de syndicat de famille dans lequel la daïra elle-même et la banque figuraient chacune pour l. st. 1,000,000. Avec un peu de patience, on saurait bien, et l'on sut, en effet, se tirer avantageusement d'affaire.

Les bons Malieh eurent seuls à souffrir du contre-coup, et encore le mal fut-il léger (1 p. 100 à peine), et de courte durée. Après avoir fait, en mai, de 10 à 11 p. 100 d'escompte, nous les retrouvons, en juin, à 8 et 9 p. 100, suivant les échéances. Il ne fallut rien moins que les graves événements qui se déroulèrent en Europe à partir de juillet pour déprimer les cours. Je dirai plus loin dans quelle proportion. Mais avant, et comme repère, jetons un coup d'œil sur le budget du dernier exercice (an de l'hégyre 1286, ou du 11 avril 1869 au 10 avril 1870). Poussé à bout par mille réclamations, le ministre s'était enfin décidé à le publier (1er mai). En voici la balance, traduite de bourses en livres sterling et en francs :

	bourses.	livres sterl.	francs.
Recettes......	1,469,400	7,542,975	190,460,142
Dépenses.....	1,117,811	6,046,141	152,665,068
Excédant....	291,589	1,496,834	37,795,074

On voit que, comme ses aînés, il se soldait par

un boni important. Mais si le service des emprunts y était compris, on n'y trouvait par contre aucune trace de la dette flottante, ce qui rendait ce boni pour le moins illusoire.

Comme de coutume, la principale source des recettes était l'impôt foncier (l. st. 5,147,000). Venaient ensuite la douane (l. st. 525,000) et les chemins de fer (l. st. 550,000. Le reste ne mérite pas d'être mentionné en détail.

Quant aux dépenses, en dehors du service de la dette, qui coûtait à lui seul l. st. 2,285,000, l'allocation du khédive et de sa famille (l. st. 410,000), le tribut à la Porte (l. st. 675,000), le ministère de la guerre (l. st. 700,000) et le paiement des pensions et retraites (l. st. 280,000) en absorbaient la meilleure part, ne laissant guère qu'une somme de l. st. 1,700,000 pour fournir à l'entretien de toutes les administrations, sans en excepter ni les affaires étrangères ni l'instruction publique.

Pouvait-on au moins tabler en toute sécurité sur ces données! Si oui, la situation n'avait rien d'inquiétant, et il devenait difficile de s'expliquer les paniques périodiques auxquelles le public et le gouvernement lui-même s'abandonnaient; car, la dette flottante fût-elle de l. st. 12,000,000, l'excédant du budget suffirait largement à la reporter jusqu'en juillet 1873, époque à laquelle on pourrait la convertir. A une condition pourtant, c'est que le khédive, sachant enfin se réfréner, renoncerait aux gaspillages sans mesure qui, en moins de sept années, avaient nécessité sept opérations d'emprunt d'un total de plus de l. st. 33,000,000, ou près de fr. 840,000,000, et cela en pleine prospérité et en pleine paix.

Tout le danger, en effet, résidait dans la folle humeur du prince, dans ses fantaisies immodérées et dans le pouvoir absolu dont il était investi. Qu'Ismaïl Pacha sût pendant trente mois contenir ses gargantualesques appétits, tempérer les goûts ruineux de son harem, et renier la collaboration par trop complaisante de son ministre des finances, et la crise était vaincue. Mais la tâche n'était-elle pas bien lourde pour un despote oriental exempt de contrôle, et dépourvu de tout esprit d'ordre et de réformes?

Au lieu d'aborder franchement l'étude et la réalisation des économies qui seules pouvaient assurer l'avenir, il préféra se mettre en quête de ressources extraordinaires. Dès le mois de février, alors que l'incertitude planait encore sur la conclusion de l'emprunt de la daïra, un membre de la chambre des délégués, stylé à cet effet par le ministre des finances, avait officieusement saisi quelques-uns de ses collègues d'un projet qui consistait à éteindre la dette flottante, au moyen d'une avance d'impôts de l. st. 5 par feddan de terre cultivée, laquelle avance serait remboursée par une détaxe répartie en huit années.

Pour peu que 2,000,000 de feddans (sur 5,000,000) fussent en mesure de payer, on obtiendrait l. st. 10,000,000, c'est-à-dire de quoi racheter et au delà toutes les émissions du Malieh.

Que les agriculteurs fussent encore assez riches, après toutes les exactions auxquelles ils avaient été soumis, pour fournir une aussi énorme anticipation, c'est ce dont l'administration n'avait cure. Heureusement, l'entente entre le khédive et la banque franco-égyptienne rendit provisoirement la mesure inutile ; mais elle ne fut qu'ajournée, et nous la verrons reparaître accrue et embellie sous le nom de loi de la Moukabalah.

Grâce au report de la dette flottante et à l'emprunt de la daïra, le gouvernement était garanti contre les dures éventualités de la crise qui approchait. Hasard heureux ! car, malgré les rumeurs de guerre dont l'air était chargé, khédive, banquiers, capitalistes et boursiers vivaient en Égypte dans la quiétude la plus complète. Au commencement de juillet, l'escompte des bons du trésor se soutenait encore à 8 1/2 p. 100 pour les courtes échéances, et autour de 10 pour celles de 24 à 30 mois. Quant à l'emprunt 1868, qui avait les faveurs de la spéculation, il valait de 83 à 84. Le réveil n'en fut que plus terrible, et la déclaration de guerre précipita les cours dans d'effrayantes proportions. En quelques jours, l'emprunt tomba de 20 unités à 64, pour se relever assez promptement, il est vrai, à 74 et s'y maintenir. Mais moins favorisés furent les bons. Le 31 juillet, on cotait de 30 à 35 p. 100 les courtes échéances, de 20 à 22 p. 100 celles d'une année, et de 16 à 20 p. 100 celles de 18 à 30 mois; et il faut aller jusqu'en février 1871 pour constater une amélioration réelle sur ces prix désastreux.

Ajouterai-je que, tant que dura la guerre franco-allemande, le ministre dut renoncer aux grosses opérations dont il avait contracté la douce habitude, et se contenter, pour vivre et faire vivre son maître et l'État, d'augmentations arbitraires d'impôts, dont les malheureux fellahs supportèrent seuls tout le poids?

Teutefois, à défaut d'affaires réelles, le khédive et son entourage imaginaient, tournaient et retournaient sur le tapis les projets les plus extravagants, et finissaient par être dupes de leurs propres inventions. Tantôt il n'était bruit que de la vente des chemins de fer à une compagnie dont un ingénieur anglais, M. Fowler, était le représentant. On parlait de l. st. 20,000,000, ou fr. 500,000,000. Puis c'était une vaste opération de bons courts, contre une somme égale de bons à l'échéance de 1873. Un groupe puissant de banquiers s'en chargeait jusqu'à concurrence de fr. 300,000,000. Il ne restait plus qu'à débattre les conditions !

Ces ridicules imaginations, habilement semées et non moins habilement entretenues, tenaient le public en haleine, et lui donnaient une haute idée des ressources dont disposait encore le gouvernement. Mais ce fut tout le profit immédiat que celui-ci en tira, car on ne peut faire entrer en ligne de compte quelques maigres avances obtenues, de-ci, de-là, contre des traites du Malieh à 24 et 30 mois. La signature de la paix (1871) fut en outre loin de produire toute l'amélioration que l'on en attendait : c'est à peine si la cote de l'emprunt de 1868 s'en ressentit ; et quant aux bons, la moyenne de l'escompte se maintînt tout l'été autour de 14 p. 100. Un pareil taux n'indiquait pas que le crédit de l'Égypte fût très-prisé en Europe ; et le ministre ne pouvait décemment le subir, si ce n'est de circonstance et sous le manteau de la cheminée. Malheureusement, en raison de la diète longue et sévère à laquelle ses caisses venaient d'être soumises, le Malieh ne pouvait s'accommoder d'opérations mesquines et presque honteuses. Ses besoins étaient non moins larges qu'urgents. C'était donc l'heure, ou jamais, de reprendre en sous-œuvre l'idée mère de la loi de la Moukabalah; et c'est le parti auquel on s'arrêta. A vrai dire, on n'avait jamais cessé de s'en occuper dans les conseils du khédive. Avec une perspicacité qui lui fait honneur, l'Altesse avait compris que ce que réclamaient ses prêteurs ordinaires, pour revenir aux anciens errements, n'était ni grave ni excessif. Puisqu'il semblait impossible de réaliser aucune réforme, au moins pouvait-on sauver les apparences! Leurs exigences n'allaient pas au delà. Ne fallait-il pas dorer la pilule, autrement dit les émissions nouvelles, pour la faire avaler au bon public? On verra si la loi de la Moukabalah remplissait le but.

Cette loi, dont le gouvernement lui-même a pris soin de publier deux éditions en langue française, est précédée d'un rapport du conseil privé au khédive, dont voici la fidèle analyse :

« Suivant le conseil privé, l'état financier de

l'Égypte n'a rien d'alarmant ; mais il mérite pourtant, au point de vue de la prospérité future du pays, d'attirer toute l'attention de Son Altesse. Les causes en sont connues : déficit légué par Saïd Pacha ; sa participation à la création du canal de Suez, et les payements énormes, en principal et en intérêts, qui en ont été la conséquence ; sacrifices faits pendant l'épizootie ; travaux exécutés en faveur de l'agriculture et du commerce ; enfin crise cotonnière, causée par la fin de la guerre de Sécession : telle en est la liste.

« Jusqu'à présent le pays, grâce à la prospérité dont il jouit, a pu faire face aux lourdes charges qui pèsent sur le trésor ; mais la prudence n'en conseille pas moins de chercher un remède efficace pour l'avenir.

« Où réside le mal ? Dans le taux élevé des intérêts que paye le gouvernement, et qui, à eux seuls, absorbent plus de la moitié du budget. Or la population ne pourrait-elle, en rachetant le capital de la dette, se payer à elle-même ces intérêts ? Suivant le ministre des finances, le total de la dette égale six fois l'impôt foncier que perçoit le trésor annuellement. Que les propriétaires payent un impôt double pendant six ans, et la dette sera éteinte, et le fisc les dégrèvera des sommes perçues pour l'éteindre, soit de moitié des impôts que ces sommes représentent exactement.

« Le dégrèvement sera perpétuel, et il sera mentionné à ce titre dans les hodgets [1]. De plus, une loi garantira que les impôts ainsi diminués, ne seront jamais plus augmentés. Même en cas de force majeure, sécheresse, inondation exagérée, travaux imprévus, etc., etc., il ne pourra être demandé qu'une avance temporaire, et encore, après autorisation du conseil des ministres et de l'assemblée des délégués. »

A première vue, la combinaison semblait ingénieuse, et les aveux naïfs, presque imprudents, par lesquels débutait le rapport lui imprimaient un cachet de franchise des plus propres à la faire prendre au sérieux. Malheureusement elle ne résistait pas à l'examen. Rien que cette idée monstrueuse, l'idée mère, de doubler les impôts pendant six ans, la frappait de stérilité et d'impuissance. Le khédive et son ministre, si bien renseignés sur les souffrances et la misère des fellahs, savaient mieux que personne l'impossibilité d'obtenir un pareil effort. Mais le crédit au dehors était fermé; et, dût-on n'obtenir que la moitié, le tiers, le

---

[1] Titres de propriété.

quart même de la somme demandée, le coup méri-
terait d'être tenté ! Et qui sait ? Grâce à la tournure
légale, presque constitutionnelle de la mesure, peut-
être l'Europe l'accueillerait-elle avec faveur. Les
données du rapport, prises en elles-mêmes et en
dehors de toute chance d'exécution, ne concor-
daient-elles pas exactement avec la vraie situation ?

Et en effet, pour ne parler que de l'assertion du
conseil privé : « que la dette de l'Égypte égalait six
fois l'impôt foncier, » cet impôt figurant au dernier budget pour l. st. 5,150,000, la dette devait
s'élever à l. st. 31,000,000 en nombre rond (livres
sterling 5,150,000 × 6). Or, en défalquant de cette
somme les l. st. 20,000,000 environ qui restaient
dues sur les emprunts, la dette flottante ressortait
à l. st 11,000,000, chiffre qui assurément se rap-
prochait beaucoup de la vérité.

Quant à cette autre affirmation : que le montant
des intérêts de la dette égalait exactement la moitié des impôts, elle était plutôt un peu hasardée.
Mais on ne pouvait se montrer bien rigoureux devant cette promesse magique : « Extinction de
toutes les dettes de l'Égypte ! »

Quoi qu'il en soit, le vice-roi approuva le rapport, et ordonna la mise à exécution de la loi qui
lui faisait suite, et qui a nom « loi de la Moukaba-

lah. » Elle se compose de quarante-cinq articles. Je passe sous silence les vingt-huit premiers, qui sont de pure réglementation, et traitent uniquement du mode et des époques de paiement, et des formalités à remplir pour se faire délivrer les nouveaux hodgets, suivant que les contribuables veulent s'acquitter de suite ou à terme, en espèces ou en bons, et suivant que les terrains appartiennent à telle ou telle catégorie (aouassieh, ouchouri, abadieh, etc.). Mais, parmi ceux qui suivent, il en est qui contiennent des dispositions, des engagements trop précieux pour qu'il n'en soit pas fait mention. Ainsi l'article 29 déclare que, lorsque le ministre des finances aura intégralement perçu les sommes demandées, il ne devra plus délivrer de bons du trésor, ni conclure aucune sorte d'emprunt.

L'article 33 institue un conseil des finances chargé de dresser, à l'aide des budgets spéciaux que lui fournissent les diverses administrations, un budget général qui est soumis à l'assemblée des délégués, mais ne devient exécutoire qu'après la haute sanction de S. A. le khédive.

L'article 37 établit une commission chargée d'encaisser les versements, et de recevoir les bons et les reconnaissances qui seront présentés en paiement. Les sommes encaissées (art. 40 et suivants), sont déposées dans une caisse spéciale confiée à la garde de deux caissiers spéciaux, et affectées exclusivement à l'extinction de la dette, en commençant par les bons. Le rachat des divers emprunts viendra ensuite, dans l'ordre que la commission jugera utile d'adopter.

La commission dressera tous les quinze jours (art. 44) un état des bons et des titres d'emprunt entrés dans sa caisse. Ces titres et bons seront brûlés par le ministre de l'intérieur en présence des membres du conseil privé. Avis sera donné au public du montant ainsi détruit.

Enfin (art. 45), s'il arrive que la caisse spéciale manque des fonds nécessaires pour faire face à une échéance de bons, le *ministre des finances, ne pouvant, d'après l'article* 37, émettre de nouveaux bons pour payer les bons échus, y pourvoira par l'ouverture d'un crédit à courts jours, qui sera réglé sur les premières rentrées de ladite caisse. »

Ainsi donc tout était arrangé, réglementé, prévu *pour améliorer*, comme disait le décret lancé à cette occasion par le khédive, *la situation financière de l'État, tout en augmentant le bien-être et la prospérité générale, et en assurant la marche du pays dans la voie du progrès.*

En lisant les dispositions qui précèdent, celle par exemple qui stipule l'emploi des fonds encaissés en vertu de la nouvelle loi, telle autre qui déclare que les titres et les bons rentrés seront solennellement brûlés, etc., etc., comment supposer que toutes ces promesses, que dis-je ? ces engagements sacrés, contractés vis-à-vis d'une malheureuse population de contribuables, n'étaient que verbiage et tromperie, et seraient aussitôt violés que pris ?

L'ordre d'appliquer la loi de la Moukabalah avait été transmis au ministre de l'intérieur dans le courant du mois d'août (1871). Fin décembre, on estimait à l. st. 5,000,000 le montant des rentrées de la caisse spéciale. Ce début promettait. Il fallait toutefois se garder d'en conclure au succès final de l'opération. La majeure partie de cette somme avait été versée par les grands propriétaires et les pachas, qui, ceux-ci par zèle et pour faire leur cour au khédive, ceux-là par méfiance et pour entrer immédiatement en possession de leurs nouveaux hodgets, s'étaient empressés de se libérer en une seule fois. Mais quelle qu'en fût l'origine, elle n'en permettait pas moins de racheter près de moitié de la dette flottante, et d'en éteindre les échéances jusqu'en avril 1872. Il ne pouvait donc plus être question d'émettre de nouveaux bons ; et afin qu'on n'en ignorât, le ministre en avait répété l'engagement dans le journal officiel du 13 octobre (1871). Or, dans ce même mois d'octobre, deux émissions d'un total de l. st. 2,500,000 venaient apprendre au public le cas qu'il devait faire des décisions du conseil privé, approuvées, garanties et paraphées par l'auguste maître, S. A. le khédive. En janvier, mars et juin 1872, autres opérations, dont une seule de l. st. 5,000,000, ou fr. 125,000 ; en sorte que, du 30 septembre 1871 au 1ᵉʳ juillet 1872, c'est-à-dire en neuf mois, le Malieh, tant en renouvellements que contre espèces, avait accumulé à son passif un total de livres sterling 12,000,000, ou fr. 300,000,000 de bons de nouvelle création. Quand je dis *bons*, le terme est impropre ; c'est des mots acceptation ou traite que je devrais me servir. L'intervention directe des capitaux européens dans les affaires égyptiennes avait nécessité un changement dans la forme des titres. Le bon proprement dit, étant stipulé payable au Caire ou à Alexandrie, offrait, au moment de l'encaissement, de graves inconvénients pour les porteurs étrangers. Ne fût-ce que la nécessité de s'en dessaisir, de le faire voyager, de le confier à un intermédiaire, qui prélevait une

commission, il y avait de quoi rebuter les gens ti-
mides et précautionneux, sans parler des risques
du change, quand le prêteur voulait rentrer en
possession de son argent, au lieu de le réinvestir.

Afin de conserver sa clientèle, de l'agrandir suivant ses besoins, le ministre, après un essai de
résistance infructueux, avait dû se plier aux exigences de ses banquiers et délivrer, au lieu de bons,
des acceptations payables à Londres ou à Paris.
Ce changement ne laissait pas que d'être onéreux
au trésor, et devenait pafois très-gênant. Pour les
bons payables en Égypte, s'il arrivait qu'une
échéance ne fût pas totalement prête, le caissier
délivrait des numéros d'ordre aux porteurs qui se
présentaient aux guichets ; et, grâce à la lenteur
sagement calculée qu'il apportait à effectuer ses
paiements, il gagnait trois, quatre, cinq et jusqu'à
six jours de répit. A la rigueur, le ministre demandait un renouvellement, faveur qui lui était rarement refusée. Mais, pour les acceptations payables
en Europe, nulle ruse ne valait, nul atermoiement
n'était à espérer. Il fallait être en mesure au jour
convenu, et payer à l'heure dite, sous peine de
l'huissier : ce qui nécessitait parfois de lourds
sacrifices, en outre des commissions de domicilia-
tion et des frais de change qu'il fallait aussi sup-

porter. Si encore le trésor eût trouvé dans des taux
d'escompte plus avantageux une compensation
à tant de charges ! Il n'en était rien, malheureusement. La moyenne des opérations, dont je viens
d'indiquer le chiffre, ne ressortait pas à moins de
14 p. 100 l'an.

Quelle avait été, pendant tout ce temps-là, la
contenance du marché libre ? En février 1871, les
longues échéances étaient tombées à 15, puis à
14 p. 100. Ce dernier taux se soutint, à quelques
variations près, jusqu'en décembre ; et après une
amélioration momentanée de 2 p. 100 en janvier,
je le trouve de nouveau coté en février 1872. Mais
cette nouvelle rechute fut la dernière de l'année.
Pendant toute la saison d'été, le cours moyen ne
s'éloigna pas sensiblement de 9 1/2 p. 100, et il
ne fallut rien moins que les besoins d'argent
qu'occasionne chaque année l'ouverture de la campagne cotonnière, pour le faire remonter en sep-
détembre à 11 1/2 p. 100, et l'y maintenir jusqu'en
décembre.

Mais n'anticipons pas. J'ai parlé plus haut d'une
opération de l. st. 5,000,000. Conclue en mars
par MM. Oppenheim, en participation avec l'ottomane, la franco, et l'anglo-égyptian Banque, elle
consistait en un échange de bons courts contre

des échéances allant de septembre 1873 jusqu'en mars 1876. Y compris les intérêts à 14 p. 100, c'était une émission totale de l. st. 6,050,000. — Pour se charger d'une somme aussi énorme, MM. Oppenheim et consorts avaient sûrement des raisons très-sérieuses. Il devenait, en effet, chaque jour de plus en plus évident, au train dont marchaient les dépenses, que le gouvernement n'atteindrait qu'à grand'peine le mois de juillet 1873 sans recourir à une nouvelle conversion de sa dette flottante. Le plan était de s'assurer cette conversion, en manœuvrant de façon à être en situation de se montrer exigeant à l'heure voulue, et c'est à quoi visait l'opération de l. st. 5,000,000. Que risquait-on, du reste, en cas d'échec ? Rien que d'être compris dans le futur emprunt, pour les bons dont on serait encore porteur! Sans compter que, si les conditions de cet emprunt déplaisaient, on aurait toujours la ressource de revendre ou d'exiger le paiement à l'échéance. On n'en était pas encore à prévoir le cas où le crédit du khédive pourrait s'effondrer sous la masse énorme de ses engagements. Jamais, au contraire, la confiance du public n'avait été plus entière. La perspective de ce que l'on appelait, dès cette époque, « le grand emprunt » rassurait tous les porteurs indistinctement. On se disputait les émissions ; si bien que la daïra, un moment hors de jeu, put redescendre dans l'arène, et de novembre 1871 à décembre 1872, mit de nouveau en circulation sa signature pour plus de l. st. 4,000,000.

Au Malieh, chaque mois, chaque semaine, je dirais presque chaque jour, était marqué par une nouvelle affaire. Novembre en vit éclore, tant grosses que petites, pour plus de l. st. 2,500,000, sur le pied de 13 à 13 1/2 p. 100 d'escompte l'an, avec cette particularité que dans le nombre figurait une valeur d'un genre tout nouveau, et sur laquelle on ne se fût guère avisé de compter. Est-ce à la demande de quelque prêteur aussi fantaisiste que retors, ou *motu proprio*, que le ministre l'avait créée ? Mais non, rien que le cerveau même du khédive n'était capable d'engendrer une semblable idée.

Aussi ne fût-ce pas sans surprise que le public apprit que le président de la commission de la Moukabalah avait prêté sa signature au gouvernement pour l. st. 600,000 de traites à un an sur Londres. Même quelques esprits chagrins se plaignirent qu'on fît jouer le rôle d'une boutique à émission, à une institution établie pour éteindre toutes les dettes de l'Égypte, et l'apparition du nouveau papier provoqua quelque hésitation. Mais ce fut l'affaire d'un moment. Rien que pendant la première quinzaine de décembre, le ministre put en négocier pour l. st. 1,200,000. En somme, du 10 novembre au 10 décembre, le montant des opérations conclues par le Malieh et la daïra réunies, s'éleva à l. st. 4,500,000 (près de fr. 125,000,000 avec les intérêts). On ne s'étonnera plus que le ministre eût éprouvé le besoin d'apporter de la variété dans la dénomination des titres dont il inondait le marché. Sans parler des reconnaissances de diverses sortes que délivraient les administrations pour fournitures et autres dépenses, l'acheteur avait le choix entre les *bons Malieh*, les *assignations du Malieh* sur le gouvernorat d'Alexandrie, les *traites du Malieh*, payables à Londres ou à Paris. Mais, au fond, bons, assignations, reconnaissances et traites de toutes provenances sortaient du même tonneau, reposaient sur le même crédit, en un mot se valaient, bien que, dans la pratique, on fît des traites aux bons une différence de 1 à 1 1/2 p. 100 d'escompte à l'avantage de ces derniers. C'est du moins ce qu'indiquent les cotes de la seconde quinzaine de décembre, qui roulent de 11 1/4 à 11 1/2 p. 100 pour les bons et de 13 à 12 1/2 p. 100 pour les traites.

Sur quoi reposait tout cet échafaudage? Je l'ai dit plus haut : sur le grand emprunt, que chacun tenait pour inévitable. Les pourparlers étaient même déjà ouverts, à en croire l'entourage; et c'est sur l'espoir d'une conclusion prochaine que clôtura l'année 1872.

CHAPITRE VI.

1873. — Aspect rassurant des finances égyptiennes. — Taux des escomptes. — État de la dette flottante. — Convocation de l'assemblée des *délégués*. — Exposé de la situation. — Budget de prévision de l'exercice 1873-1874. — Le futur emprunt. — Négociations. — Inquiétudes du public. — Départ du vice-roi pour Constantinople. — Conclusion, conditions et garanties de l'emprunt. — Rôle du gouvernement. — Situation de la Moukabalah. — État réel du budget. — Firman du sultan. — Émission de l'emprunt; son insuccès. — Conséquences. — Cherté du change sur l'Europe. — Envois de numéraire. — Baisse de l'emprunt. — Hausse des escomptes. — Anxiété générale. — Ventes de céréales. — Convention nouvelle relative à l'emprunt. — Opérations désastreuses du ministre des finances. — État du marché financier d'Alexandrie.

Rarement l'avenir des finances égyptiennes avait paru plus rassurant. Le Malieh regorgeait d'argent; si bien que, le 1ᵉʳ janvier 1873, le ministre avait fait afficher en bourse qu'il escomptait à 9 p. 100 les bons, les assignations et les traites

payables jusqu'au 8 mars au Caire et à Alexandrie.
Il en était résulté une demande fort vive sur ces
valeurs. On s'arrachait les échéances de six à neuf
mois, à raison de 10 à 10 1/4 p. 100, tandis que
les traites Moukabalah étaient recherchées à
11 5/8 p. 100. L'entraînement général fut tel qu'on
laissa passer inaperçue la nouvelle que le gouvernement, après un repos de quinze jours, venait
de conclure une troisième opération (l. st. 1,000,000)
en traites Moukabalah, sur la base de 12 1/2 p. 100
d'intérêt l'an ; et que cette opération s'arrondis-
sant, s'enflant, put être portée en une semaine à
l. st. 2,100,000, sans que le public en conçût la
plus légère inquiétude.

Fin janvier, toutes les valeurs du Malieh valaient
indistinctement de 9 3/4 à 10 p. 100, et les choses en
étaient arrivées à ce point, que chaque nouvelle
émission était accueillie par une amélioration dans
les taux. La lumière commençait du reste à se faire
sur le futur emprunt. Nombre d'établissements de
finance l'avaient mis à l'étude en Égypte et en Europe. A Alexandrie, les banquiers caressaient l'idée
d'une opération analogue à celle de 1868, c'est-à-
dire d'une conversion partielle, ne redoutant rien
tant que de voir le ministre, par une mesure radicale, régler définitivement la situation. Crainte su-

perflue, et qui donne l'idée du prestige, de la fascination qu'exerçait le khédive sur ceux qui l'approchaient, ainsi que des illusions dont il savait bercer leur imagination.

Mais, avant d'aborder l'étude du futur emprunt, et de suivre les phases des négociations dont il fit l'objet, il importe de connaître le montant de la dette flottante du gouvernement. J'ai dit plus haut que la circulation de la daïra n'était pas inférieure à fr. 100,000,000, ou l. st. 4,000,000. Celle du Malieh, en y comprenant le solde des bons Azizié (fr. 38,000,000 environ), atteignait, fin janvier, fr. 650,000,000, ou l. st. 26,000,000, en échéances échelonnées, pour la plus grande part, de mars 1873 à mars 1874 inclusivement. Dans ce total, la commission de Moukabalah figurait pour l. st. 8,500,000 de traites, que son président avait complaisamment souscrites au ministre des finances.

Ce chiffre de fr. 650,000,000 paraîtra énorme, monstrueux. Aussi, bien que possédant la liste des opérations qui le constituent, aurais-je hésité à l'avancer, si je n'en avais trouvé l'aveu officiel dans la bouche même de l'un des organes du gouvernement. Après les engagements aussi explicites que solennels consignés dans la loi de Moukabalah, il avait fallu au ministre un front d'airain pour

faire au crédit une série d'appels de cette importance. Maintenant, comment les justifier, les légiti-
mer, et surtout imprimer à leur conversion en un
titre unique ce cachet d'honnêteté sans lequel il
devient chaque jour plus difficile d'attirer les souscripteurs? D'agir sur le public par des explications
franches et catégoriques, on ne pouvait y songer.
Il se gaussait des affirmations, voire même des
serments du muffettish et de son maître. A la parole
de l'un et de l'autre, il fallait un garant pour qu'elle
obtînt quelque crédit. Le khédive ne trouva rien
de mieux, pour jouer ce rôle, que l'assemblée des
délégués. Elle fut donc convoquée, et consacra en
mars et avril quelques séances à écouter les communications du ministre de l'intérieur, qui avait
assumé la tâche ingrate d'exposer la situation au
lieu et place de son collègue des finances.

Grâce à l'esprit de parfaite soumission dont était
pénétré l'auditoire, la comédie eut un plein succès,
et la lecture du rapport ne provoqua que des ob-
servations approbatives. Dieu sait pourtant si le
document y prêtait; il faut le lire, ainsi que le compte
rendu de la séance où il fut soi-disant discuté,
pour se faire une idée de l'état d'abaissement dans
lequel étaient maintenus ceux que l'on qualifiait du
titre de représentants du peuple égyptien. Entre

autres propositions facétieuses, on y trouvait que les emprunts contractés par le gouvernement étaient *bien peu de chose*, en comparaison des travaux, ponts, barrages, voies ferrées et lignes télégraphiques qu'il avait exécutés. La dette flottante s'élevait, il est vrai, à l. st. 25,500,000; mais rien de plus facile que d'en justifier l'origine. Voyons plutôt :

1° Coût des actions du canal de Suez, indemnité allouée à la compagnie par l'Empereur, achat et achèvement du canal d'eau douce et rachat de l'Ouady. . . . . l. st. 16,800,000

2° Liquidation des sociétés l'Agricole et l'Azizié. 3,500,000

3° Dépenses causées par l'épizootie!!! . . . 1,000,000

4° Avances aux fellahs (bons des villages). 3,000,000

5° Bonifications d'impôts aux victimes de la sécheresse des années 1865 et 1867. . . 1,200,000

Total. . . . . l. st. 25,500,000

Effectivement le chiffre concorde. Mais toujours les mêmes allégations, toujours les mêmes prétextes ! Décidément le khédive, ses ministres, son grand conseil et son conseil privé réunis, faisaient preuve d'une pauvreté d'imagination vraiment inconcevable.

Et que dire de cette autre affirmation : que *la dette flottante avec les intérêts y afférents* s'amortissaient par les rentrées de la Moukabalah, alors que personne n'ignorait ni les émissions de la trop fameuse commission, ni les négociations entamées au sujet du nouvel emprunt? L'honnête Chérif Pacha dut sentir le rouge lui monter au front, en débitant par ordre de pareilles sornettes.

Un paragraphe du rapport, un seul, pouvait à la rigueur supporter l'examen. C'était le dernier, celui où le ministre, relevant, d'après les indications fournies par la douane, le total des importations et des exportations depuis l'avénement du khédive, établissait en faveur de ces dernières une balance de l. st. 70,000,000. Encore concluait-il par une réflexion plus propre, malgré la façon comique dont elle était présentée, à faire trembler qu'à faire rire quiconque connaissait les appétits du maître et de ses instruments. Après avoir déclaré que de ces l. st. 70,000,000, l. st. 20,000,000 avaient été payées à l'Europe pour l'amortissement des emprunts (calcul de pure fantaisie, soit dit en passant), « *il reste*, soupirait-il d'un air de convoitise difficilement contenue, *dans le pays l. st.* 50,000,000 *qui, malheureusement, sont improductives pour le pays même. Il serait donc bon d'aviser, et de porter remède à cet inconvénient!* »

A bon entendeur, salut! Les détenteurs réels ou

supposés de ces l. st. 50,000,000, n'avaient qu'à bien se tenir. Le muffettish avait en réserve dans son sac plus d'un bon tour de sa façon, pour leur extraire le magot par force ou par habileté.

Les premières séances de l'assemblée avaient été employées à la lecture du budget (exercice du 10 septembre 1873 au 10 septembre 1874, année copte 1590), et à la nomination d'une commission chargée d'en faire la vérification. La besogne ne dura guère, ce fut l'affaire de quatre jours, pour tout contrôler. Après quoi le document, flanqué d'un rapport des plus succincts, cinq lignes à peine, fut soumis à l'approbation du khédive, qui le sanctionna, et la session fut close *ipso facto*. La réunion des délégués n'avait plus d'objet; ils avaient siégé six fois.

On s'explique au besoin une façon de procéder aussi expéditive, quand on compare le budget susdit au précédent. Très-peu d'articles ont varié de l'un à l'autre; il n'y a de différence appréciable que sur le produit des chemins de fer, qui a augmenté de l. st. 185,000, sur les rentrées de l'impôt foncier qui ont diminué de l. st. 625,000, et dans l'excédant des recettes sur les dépenses, qui de l. st. 1,030,000 est tombé à l. st. 650,000, soit de l. st. 380,000. Ce dernier point avait sa gravité

relativement aux garanties à offrir aux contractants du futur emprunt, mais bien moins pourtant
que la diminution de l'impôt foncier, qui ne pouvait
manquer de faire naître les appréhensions les plus
fâcheuses ; car elle était due au fonctionnement de
la Moukabalah, et le dégrèvement de l. st. 625,000
correspondait à près de l. st. 7,000,000 de rentrées
extraordinaires effectuées de ce chef. Or, qu'avait
fait le ministre de cette somme énorme ? A quelle
besogne interlope l'avait-il employée? On constatait avec effroi que la dette flottante, au lieu d'avoir
été réduite d'autant, se trouvait portée de l. st.
11,000,000 à l. st. 25,500,000, chiffre officiel, dont
l. st. 10,000,000 environ en traites de cette même
commission de Moukabalah *instituée pour éteindre
toutes les dettes de l'Égypte.*

Mais revenons au futur emprunt. Quel en serait
le montant? On parlait dans le public d'un nominal
de l. st. 40,000,000. Il suffisait de se reporter aux
données budgétaires pour se convaincre que ce
chiffre était ridicule. Les visées du ministre des
finances étaient toutefois fort élevées ; elles flottaient de l. st. 20,000,000 à l. st. 25,000,000 effectives. Restait à savoir comment on garantirait le service d'une somme aussi énorme, avec des revenus
dont les branches les plus productives étaient enga-

gées, et que l'application de la Moukabalah devait progressivement réduire jusqu'à concurrence de moitié de l'impôt foncier, soit de près de l. st. 2,500,000. Mais, ni les contractants, ni le khédive ne se laisseraient arrêter pour si peu ! L'important pour les deux parties était de tomber d'accord sur le chiffre, le taux et les commissions. On verrait après pour le reste ; et à défaut de garanties réelles, on saurait bien en inventer !

Afin d'être mieux en situation d'attendre le jour fortuné d'une entente parfaite et définitive, le ministre reprit ses émissions. La daïra Sanieh ouvrit la marche par la cession, à 13 1/2 p. 100, de l. st. 630,000 de traites à un an. Puis vint le tour de la Moukabalah, qui, en un mois, trouva le moyen d'écouler l. st. 1,750,000 de son papier, à raison de 12 p. 100. Cette dernière opération permit au ministre d'afficher en bourse, au commencement d'avril, qu'il escomptait à 8 p. 100 les traites, bons et assignations payables en Égypte jusqu'au 8 mai. La mesure arrivait à point pour raffermir le marché, que de grosses offres de traites Moukabalah venues de Paris, où il y avait, paraît-il, engorgement, avaient sérieusement ébranlé. Les cours avaient un moment rétrogradé de 9 3/4 à 11 p. 100. Mais grâce à l'avis du ministre, le terrain perdu était à peu près regagné, quand arriva du Caire la nouvelle télégraphique (19 avril) que l'emprunt était conclu pour l. st. 25,000,000 espèces, dont l. st. 15,000,000 ferme, et le reste à option: intérêts 9 p. 100; commission 1 p. 100.

Si incomplètes et si peu admissibles que fussent ces données, la dépêche fut accueillie avec une confiance aveugle, et suivie d'énormes affaires en bons sur la base de 9 1/2 à 10 p. 100. On avait perdu le souvenir des péripéties qui précédèrent la conclusion de l'emprunt 1868. Une fois de plus, l'expérience ne profitait pas. Les acheteurs durent, dès le lendemain, regretter leur manque de précaution et de mémoire ; car ils attendirent vainement la confirmation de l'opération, et l'incertitude revint plus vive et plus inquiétante que jamais. Ce fut donc sans trop de surprise que l'on apprit, dans les premiers jours de mai, que, si les négociations n'avaient pas totalement avorté, du moins l'entente entre les parties était ajournée indéfiniment. On voulut en voir une preuve dans l'échange que fit le ministre de l. st. 400,000 de traites Moukabalah, règlement 1ᵉʳ juin, à 12 p. 100 d'intérêts et 14 jours de jouissance, contre du papier à vue sur Londres à 98 3/4 ; soit 1 1/4 p. 100 au-dessus du pair. Et de fait, il fallait que le Malieh fût sous le coup de nécessités singulièrement urgentes, pour subir d'aussi onéreuses conditions.

Mais que dire de l'anxiété qui envahit la bourse et la finance, au bruit promptement confirmé (17 mai) que le représentant du khédive à Constantinople venait de conclure une affaire de l. st. 3,000,000 ? Cette somme n'allait-elle pas permettre de reculer plus que de raison la signature de l'emprunt ? En s'abandonnant à de pareilles transes, le public oubliait que, si le chiffre de l. st. 3,000,000 pris en lui-même est énorme, il faisait une bien maigre figure à côté des besoins du Malieh, dont les échéances de juin à fin août dépassaient l. st. 6,000,000, et approchaient de l. st. 18,000,000 si l'on comptait jusqu'au 31 décembre. Comment croire à la possibilité de faire face à de pareils engagements rien qu'avec des renouvellements, dans l'état de fièvre et de tension que traversait le marché des valeurs égyptiennes ?

L'opération de l. st. 3,000,000 visait d'ailleurs un but tout spécial. Le khédive avait décidé de se rendre à Canstantinople, et ne pouvant décemment ni n'osant se présenter devant son suzerain les mains vides, il avait invoqué l'aide des banquiers de Galata, qui s'étaient empressés de lui escompter des traites de la commission de Moukabalah. Muni de ce riche viatique, il quitta le Caire le 20 mai, séjourna à Alexandrie le temps strictement nécessaire pour y négocier, toujours en traites Moukabalah, à 12 p. 100 d'intérêt plus 1 p. 100 de commission, une nouvelle affaire de l. st. 2,000,000 ; et se sentant suffisamment lesté pour se ménager, même à prix d'or, un accueil favorable de la part du sultan, il fila à toute vapeur vers le Bosphore.

Son départ causa une réaction de 1/2 p. 100 dans le taux des escomptes ; mais elle dura peu. Bien que le groupe qui traitait se fût, disait-on, disloqué, la conviction que l'emprunt s'imposerait à bref délai au gouvernement s'enracinait chaque jour davantage dans les esprits. Aussi le coup de théâtre fut-il médiocre, quand on sut officiellement, le 14 juin, que le contrat avait été signé le 11 par les deux parties. Des conditions, on n'en soufflait mot, ou du moins rien de précis, rien de net. En attendant que la lumière se fît, les offres de participation pleuvaient d'Europe ; il y avait vendeur de sommes grosses ou petites, au gré des preneurs, à 2 1/2 p. 100 de prime ; et comme toujours en pareil cas, la demande, au lieu de s'animer, se calmait. Bref, le marché menaçait d'aller à la dérive, quand les contractants se décidèrent enfin à parler officiellement au moyen d'une circulaire qu'ils adressèrent aux intéressés.

Le montant total de l'emprunt était de l. st. 32,000,000 nominales remboursables en 30 ans, et produisant 7 p. 100 d'intérêt.

Les contractants (MM. Oppenheim et consorts) prenaient l. st. 16,000,000 nominales à forfait au prix de 75 p. 100, valeur 15 octobre 1875 ; soit l. st. 12,000,000 effectives. Sur cette somme, ils s'engageaient à payer à Londres par anticipation, avec bonification d'intérêt à 10 p. 100 l'an :

> L. st. 500,000 le 1er juillet,
> — 500,000 le 1er août, et
> — 1,000,000 le 1er septembre.

Les l. st. 10,000,000 formant le solde du forfait devaient être acquittées aussi à Londres le 15 octobre, avec la faculté de donner en payement, sous escompte de 7 p. 100, des bons du trésor et des traites Moukabalah de toutes échéances, jusqu'à concurrence de l. st. 9,000,000.

Les contractants s'engageaient à émettre, en même temps que le forfait, les l. st. 16,000,000 laissées en dehors, et ce pour compte du gouvernement. Au cas où la souscription publique dépasserait le chiffre de l. st. 16,000,000, l'excédant serait attribué au gouvernement, moyennant la bonification aux contractauts d'une commission de 3 p. 100 sur le nominal de cet excédant, après quoi la partie restante formerait l'objet d'une option. Je n'entrerai pas dans de longs détails sur la façon dont cette option était régie, bien que cette partie du contrat soit non moins édifiante qu'instructive. Il me suffira de dire qu'après une série d'avances consenties par les contractants, et de délais accordés en retour par le gouvernement pour la déclaration de l'option, ce dernier ne retrouvait la libre disposition des titres non sous-crits que le 15 mars 1875, et cela, bien entendu, après le remboursement des avances (l. st. 6,000,000) en garantie desquelles ces titres avaient été déposés.

Étant donné le tempérament du khédive, le piége, tout grossier qu'il était, ne pouvait que réussir. J'ajouterai que le taux pour l'option, au cas où elle serait déclarée, comme pour le forfait, était fixé à 75 p. 100. Plus d'un gros bonnet de la finance dut bien rire sous cape de cette condition.

Afin d'éviter toute contestation avec les porteurs de l'emprunt 1868, on convint que l'émission n'aurait lieu qu'après le 20 juillet. Quant aux conditions de cette émission, à la forme et à l'importance des obligations, pleine liberté fut laissée aux contractants, qui obtinrent en outre l. st. 60,000 pour les frais, et une commission de 1/4 p. 100 sur le service des coupons et des obligations amorties.

Comme dernière clause, le gouvernement s'interdisait toute émission d'emprunt public avant le 15 juillet 1875. De là à pareille date de 1878, il pourrait émettre l. st. 10,000,000 effectives de titres avec affectations spéciales. Mais cette somme serait exclusivement consacrée à des travaux d'utilité publique. Après le 15 juillet 1875, il reprenait sa liberté d'action.

L'opération mettait à la charge du trésor égyptien 30 annuités de l. st. 2,565,671, 13.8 chaque. C'était l'instant de fournir des garanties spéciales pour assurer le service de cette somme, réellement exorbitante, si on la compare aux maigres disponibilités du budget. Le *général Bond*, délivré le 26 juillet, signé, cacheté, paraphé et légalisé par les autorités compétentes aussi bien étrangères qu'indigènes, désigna comme telles, sérieusement, sans embarras, ni peur d'être contredit:

1° Tous les revenus des chemins de fer de la basse Égypte, s'élevant à l. st. 750,000;

2° Les rentrées à effectuer pour l'impôt personnel indirect, d'un total de l. st. 1,000,000 environ ;

3° Les rentrées de l'impôt du sel, d'environ l. st. 200,000 ;

4° L. st. 1,000,000 à prendre sur les rentrées de la Moukabalah.

En outre, le gouvernement donnait, au fur et à mesure qu'ils deviendraient libres, tous les revenus précédemment affectés à la garantie de ses emprunts.

Total : l. st. 2,950,000 de rentrées annuelles pour un service également annuel de l. st. 2,565,671, 13.8 intérêts et amortissement compris.

Comment n'être pas satisfait d'un pareil tableau ! Malheureusement l'examen même le plus superficiel prouvait jusqu'à l'évidence que l'inspirateur du *général Bond* avait encouru les responsabilités les plus graves, en indiquant comme des garanties libres et valables des branches de revenu déjà hypothéquées ou qui n'existaient pas.

Ainsi l'impôt personnel et indirect (liv. sterl. 1,000,000). L'impôt personnel, augmenté de celui des patentes, figurait, il est vrai, au budget de 1871-1872 pour l. st. 55,000 environ, mais avec l'annotation suivante, dont je reproduis les termes textuellement : « Depuis la présentation de ce budget, l'impôt personnel a été supprimé. » Et, de fait, il n'était plus porté au budget de 1872-1873.

Quant à l'impôt indirect, on n'en découvrait de trace nulle part, pas même au budget tout spécialement dressé, rectifié et publié le 3 octobre 1873, pour aider au soutien de l'emprunt, qui menaçait ruine.

La garantie des rentrées de l'impôt du sel n'était pas mieux basée. Que le produit des salines figurât au dernier budget pour l. st. 190,000 environ, chacun pouvait s'en assurer. Mais cela n'avait que faire avec le nouvel emprunt. L'article premier du contrat de l'emprunt 1868 portait en effet : « Le gouvernement égyptien emprunte l. st. 6,000,000 effectives, garanties par les douanes, le péage des écluses, et par les produits de tous les affermages, *sel, pêcheries, salaisons*, etc. » Et ni l'annexe du contrat, ni les conventions complémentaires des 4 juin et 7 juillet de la même année, ne contenaient rien qui infirmât la portée d'une déclaration aussi nette, aussi catégorique. On ne pouvait non plus arguer d'ignorance, car l'emprunt de 1868 et celui de 1873 portaient la même, ou les mêmes signatures.

Le stellionat sautait aux yeux.

Quant aux l. st. 1,000,000 à prendre par an sur

les rentrées de la Moukabalah, il me suffira, pour en faire toucher du doigt l'inanité, de rappeler que l'article 2 de la loi connue sous ce vocable en fixait la durée à six ans au plus, soit jusqu'en septembre 1877. Comment expliquer alors qu'elle pût fournir sur ses rentrées une garantie de liv. sterl. 1,000,000 par an, à un emprunt dont l'amortissement devait se prolonger jusqu'en 1903, c'est-à-dire 27 ans de plus que l'existence qui lui était à elle-même assignée? Je n'insisterai pas sur le triste rôle que l'on faisait jouer à cette pauvre commission. Instituée pour éteindre en six ans toutes les dettes de l'Égypte, elle se trouvait, après deux années d'exercice à peine, appelée à garantir un nouvel emprunt de l. st. 32,000,000, dont au moins la moitié était consacrée à convertir ses propres émissions.

Comment qualifier les calculs d'un gouvernement qui se moquait aussi ouvertement de la bonne foi du public? Trouve le mot propre qui pourra, et le prononce qui l'osera. Du reste, à titre d'élément d'appréciation, voici comment se présentait le 6 juin 1873, cinq jours avant la signature de l'emprunt, la situation de la Moukabalah :

Le total des feddans dont les propriétaires avaient adhéré à la loi était de 3,650,000, se décomposant en 2,650,000 de première qualité, imposés à une livre égyptienne par an, et 1,000,000 de qualité inférieure, imposés à une livre pour six ans, soit :

Feddans 2,650,000 à 1 l. st. par an, pour 6 ans.	l. st. 15,900,000
1,000,000 à 1 l. st. pour 6 ans. . .	1,000,000
Total à percevoir.	l. st. 16,900,000
Encaissé jusqu'au 6 juin 1873. . .	7,239,400
Reste à encaisser.	l. st. 9,660,600

On verra plus loin quelles combinaisons nouvelles, absolument étrangères à l'emprunt, furent échafaudées sur cette dernière somme, dont la rentrée intégrale devrait être effectuée en septembre 1877. Je ne sache pas que rien de semblable se soit produit dans les finances d'aucun pays, et à aucune époque des temps modernes.

En attendant, résumons ce qu'offrait en réalité le gouvernement égyptien, en garantie du service des l. st. 32,000.000 nominales qu'il sollicitait du public. On vient de voir que l'impôt personnel et indirect n'existait pas ; que l'impôt du sel était hypothéqué par l'emprunt 1868 ; et l'on sait, de plus, que penser des l. st. 1,000,000 imputées sur la Moukabalah. Restait donc le chemin de fer. Le gage, pour le coup, était de toute solidité, de premier ordre, mais d'un produit annuel par trop insuffisaut (l. st. 750,000 pour des besoins de liv. sterl. 2,565,671 13,8). Il y avait bien encore l'attribution spéciale des revenus affectés aux autres emprunts, au fur et à mesure que ces revenus deviendraient libres. Mais ce n'était qu'affaire de forme. Des trois emprunts auxquels il était fait allusion, un seul, celui de 1862, serait amorti à courte échéance, en octobre 1879. Quant à ceux de 1852 et de 1868, les porteurs des nouveaux titres devraient s'armer de patience, le premier ne s'éteignant qu'en 1892, et le second qu'en 1898.

D'ailleurs, qu'était-ce au fond que tout ce bagage de garanties spéciales? De la poudre aux yeux, et rien de plus. Le nœud de la question était dans l'équilibre des recettes et des dépenses du gouvernement ou, en d'autres termes, dans la façon dont désormais se solderait son budget. Or, rien de plus facile à établir.

En prenant pour base celui du dernier exercice (1872-1873), et en tenant compte : 1° de l'augmentation de tribut que le khédive avait dû consentir à Constantinople, en retour des avantages que lui avait concédés le sultan ; 2° du service du nouvel emprunt ; 3° de la diminution de moitié de l'impôt foncier causée par l'application de la Moukabalah, on arrivait au résultat suivant :

RECETTES DE L'EXERCICE 1872-1873.

RECETTES.		DÉPENSES.	
l. st. 6,962,315		l. st. 6,313,160	
	Charges nouvelles :		
	Augmentation du tribut.		91,665
	Service du nouvel em-prunt.		2,565,670
	Diminution de l'impôt foncier.		2,262,500
4,270,680	. . . . Déficit annuel.		
l. st. 11,232,995		l. st. 11,232,995	

Donc, un déficit annuel de plus de liv. sterl.
4,000,000! Telle était la perspective! Elle n'avait
rien de rassurant. Et pourtant c'était tout ce que
comportait de mieux la situation. Que le khédive
persistât dans ses anciens errements, et l'on serait
menacé d'éventualités autrement redoutables. On
ne pouvait non plus se dissimuler que la grande
opération était insuffisante, et de beaucoup, pour
éteindre la dette flottante. Chiffrée en mars par le
ministre lui-même à l. st. 25,000,000, cette dette
s'était augmentée depuis des quatre dernières
négociations de traites Moukabalah, d'un total de
l. st. 7,150,000; ce qui la portait à l. st. 32,000,000
minimum, alors que le produit net de l'emprunt
n'atteindrait pas l. st. 24,000,000 effectives, quel
que fût le succès de l'émission. Le Malieh se réveil-
lerait donc au lendemain d'une opération qui hy-

pothéquait, et au delà, ses dernières ressources, en face d'une somme de l. st. 8,000,000 à couvrir à bref délai. N'était-ce pas le cas d'admirer les hautes capacités financières dont le ministre et son maître avaient fait preuve, en accordant aux contractants la faculté de payer sur le forfait l. st. 9,000,000 en traites de *toutes échéances* sous escompte de 7 p. 100 l'an ? Sans doute que MM. Oppenheim et consorts, par désintéressement et grandeur d'âme, ne manqueraient pas de trier à cet effet les échéances les plus rapprochées !

C'est dans ces conditions, et sous le coup d'aussi noires appréhensions, que les contractants décidèrent l'émission, en 1,600,000 obligations de l. st. 20 chaque, portant intérêt à 7 p. 100 l'an. Elle fut ouverte les 29 et 30 juillet (1873), à Paris, Londres, Alexandrie, Amsterdam, Bruxelles, Anvers, Genève, Constantinople, et dans les villes de France, au nombre de 64, où la Société générale avait des succursales. Le coup de filet était immense : restait à voir si la pêche serait miraculeuse. Les intéressés eux-mêmes n'y comptaient guère. Sans doute le public ignorait le fin fond des choses, et les cris d'alarme poussés dans quelques brochures n'étaient point parvenus à ses oreilles. Mais, outre que la vogue n'était pas aux valeurs orientales, le taux d'émission était exorbitant. L'emprunt de 1868, de l. st. 11,780,000, nominales seulement, largement et solidement garanti, avait été offert à 75 p. 100, alors que la dette générale de l'Égypte n'était que de l. st. 22,000,000. Et pour la somme énorme de l. st. 32.000,000 de titres, dont la garantie était de plus des 2/3 insuffisante, alors que la dette approchait du chiffre monstrueux de l. st. 70,000,000, on demandait 84 1/2 p. 100 ! Sans doute que les contractants, à force de chanter et de faire chanter dans les journaux la grande habileté du khédive, sa loyauté en affaires, sa bonne foi, la prospérité et la solidité de ses finances, avaient fini par y croire. Ils n'eurent garde, toutefois, de rien négliger pour assurer le succès de l'émission. Je ne parle pas des annonces et des réclames: ces messieurs étaient passés maîtres en ce genre d'exercice. Mais il régnait dans l'opinion, depuis les difficultés qui avaient surgi en 1869 entre le Caire et Constantinople, comme une vague inquiétude sur la cordialité des rapports du khédive avec le sultan. C'était un point noir à dissiper. Le khédive s'en chargea lui-même sur leurs instances, en faisant publier, le 22 juillet, dans ses journaux officiels, le firman qu'il venait d'obtenir de son maître et seigneur.

On ne peut nier l'importance capitale de ce document, qui confirmait et améliorait tous les hatts et firmans octroyés à Méhémet-Ali et à ses successeurs. Ceux concernant l'ordre de succession et la forme de la régence, au cas où elle deviendrait nécessaire, y étaient minutieusement et définitivement réglés. Il autorisait le khédive : 1° à faire des lois et des règlements intérieurs ; 2° à conclure des conventions douanières et des traités de commerce ; 3° à négocier des emprunts ; 4° à augmenter ou à diminuer l'effectif de ses troupes ; 5° à faire construire des navires de guerre autres que des cuirassés ; en un mot, à régler l'administration civile, militaire et financière du pays, suivant que l'exigerait la sécurité des populations qu'il avait mission de gouverner.

Les chances de conflit dans l'avenir, entre le vassal et le suzerain, se trouvaient ainsi singulièrement amoindries, sinon tout à fait conjurées. Le firman se terminait par cette phrase d'une saveur tout orientale : « Tu apporteras aussi la plus « grande attention à remettre, chaque année, sans « retard et intégralement, à mon trésor impérial, « les 150,000 bourses du tribu établi. »

Était-ce tout ce que coûtait au khédive l'obtention d'aussi hautes et aussi éclatantes faveurs ? On est enclin à en douter, si on se reporte aux opérations qui précédèrent son départ pour les îles des Princes, et marquèrent son séjour dans la capitale de l'empire.

Malgré tant de précautions, le résultat de l'émission fut des plus piètres. Il s'en manqua de l. st. 3,500,000 que le ferme (l. st. 16,000,000) ne fût couvert, ce qui laisse un bien faible chiffre à la souscription publique; car, dans la différence de l. st. 12,500,000, étaient comprises les participations que chacun des contractants avait assumées pour son compte personnel, ou distribuées comme faveurs dans sa clientèle la plus intime.

Les conséquences d'un pareil échec étaient des plus graves pour le gouvernement. Plein de confiance dans l'habileté et la puissance financière des contractants, il avait cru au succès, et dévoilé entièrement sa situation. Et voilà que moitié de l'opération lui restait pour compte, et que chacun pourrait calculer l'importance et marquer l'heure de ses besoins. N'eût-il pas mieux valu suivre jusqu'au bout les errements habituels? Les embarras eussent été moindres, assurément.

A dire vrai, l'avenir n'était pas couleur de rose. Il n'était plus question d'éteindre la dette flottante, mais tout au plus de la renouveler et de la nourrir.

Or, la tâche serait rude, l. st. 20,000,000 pour le moins, défalcation faite du forfait ! La somme était énorme. Encore si, pour les l. st. 9,000,000, payables en bons, le ministre eût exigé les échéances les plus rapprochées ! Mais tant de précautions lui avait semblé superflu ; en sorte que plus de moitié (l. st. 12,000,000 environ) des valeurs en cours devrait être remboursée dans les six mois. Et que restait-il comme ressources ? Rien que le crédit du Malieh, ce qui n'était pas beaucoup dire, et la rentrée des impôts. Fort heureusement, l'ouverture de la campagne cotonnière approchait ; et nous savons que c'est l'époque à laquelle le trésor fait ses plus abondantes recettes.

L'important, pour le ministre, était de gagner la fin de l'année sans encombre. Passé le 31 décembre. les l. st. 6,000,000 d'avances consenties par les contractants contre l'assurance de l'option, allégeraient d'autant sa position, et cela à raison de l. st. 1,000,000 par mois pendant six mois, avril excepté. Mais en attendant il fallait se remettre à l'œuvre sans retard, et essayer de rouler de nouveau ce terrible rocher de Sisyphe, qui avait nom la Dette égyptienne.

Malgré l'insuccès si éclatant de l'emprunt, le

mois d'août et la première quinzaine de septembre furent calmes. Les participations, après avoir fait 2 p. 100 de prime, étaient tombées au pair ; mais elles s'y maintenaient, et les escomptes faisaient bonne contenance. Toutefois, un observateur attentif se fût gardé de s'endormir sur une situation qui n'avait de la prospérité que les apparences. Non-seulement l'Europe, dans ses lettres et ses dépêches, prêchait une extrême réserve; mais à Alexandrie même il se produisait un phénomène qui ne manquerait pas d'amener les plus détestables effets. Je veux parler de la hausse exagérée des changes.

Un peu en raison de la saison morte, pendant laquelle le papier de commerce fait défaut, et des mesures restrictives prises en France et en Angleterre contre le papier de crédit de provenance égyptienne, et beaucoup à cause des besoins démesurés du ministre pour couvrir ses échéances d'Europe, les traites sur Londres et sur Paris, aussi bien à trois mois qu'à vue, étaient devenues introuvables, même à 1 p. 100 de prime; en sorte qu'il y avait nécessité absolue d'expédier du numéraire. On estimait à plus de l. st. 4,500,000 la quantité d'espèces dont le stock monétaire d'Alexandrie s'était appauvri ; et, pour comble, l'intérieur absorbait des sommes énormes en contre-valeur de ses cotons. La liquidation de fin septembre fit éclater la crise. L'emprunt du khédive (1870) fut le premier frappé. Faute de ressources suffisantes pour reporter la masse de titres qu'une spéculation désordonnée avait attirée sur place depuis de longs mois, on dut faire vendre à Londres. De là, d'une place à l'autre, une succession de contre-coups, dont les résultats furent désastreux, et se traduisirent par une baisse de 6 1/2 unités (de 79 à 72 1/2). Les reports avaient été offerts un moment à 25 p. 100 sans trouver preneur, et il n'avait fallu rien moins que l'intervention concertée des principales banques, pour empêcher la bourrasque de dégénérer en cataclysme.

Quant à la dette flottante, on avait fait des traites Moukabalah à 3 mois jusqu'à 25 p. 100 d'escompte, et des obligations de la daïra jusqu'à 28 p. 100. La panique une fois passée, les taux retombèrent à 18 et à 20 p. 100; mais le marché n'en était pas moins ébranlé très-sérieusement, et pour longtemps démonté. On ne devait plus de si tôt revoir les cours cotés pendant les négociations, et au moment de la conclusion de l'emprunt.

Au milieu de l'anxiété générale, tous les regards s'étaient tournés vers le Caire et s'y tenaient fixés.

Qu'allait faire ou ne pas faire le khédive? Non-seulement son crédit personnel, mais celui du gouvernement étaient en jeu, et pouvaient sombrer. Personne ne s'y trompait. La méfiance était telle que les capitalistes répugnaient à reporter les valeurs de la dette flottante à 25 p. 100 d'intérêt, avec une marge de 20 p. 100. Le ministre essaya d'abord d'agir sur l'opinion, et de la ramener par la publication (3 octobre) d'un budget rectificatif de l'exercice 1873-1874, se soldant par un boni de près de l. st. 1,000,000 ; et par l'insertion au *Journal officiel* (5 octobre) d'un état de la dette flottante tendant à prouver que ce qui restait à encaisser de l'emprunt suffirait à éteindre ladite dette à l. st. 86,000 près : une misère ! Mais le moment n'était plus d'une confiance complaisante et aveugle, et si minutieux, si détaillés que fussent ces deux documents, le public n'y prit garde. Il n'avait que faire de chiffres plus ou moins bien alignés et balancés. Des faits, des faits ! c'est ce qu'il réclamait, et ce que le ministre et son maître durent se mettre en mesure de lui fournir.

Les négociations recommencèrent donc au Caire, aussi actives que variées d'objet. Affaires à livrer en sucre et en graines de coton, déclaration de l'option, opération de l. st. 2,000,000 en vue des échéances de décembre : il y en eut pour tous les besoins et pour tous les goûts. Seulement rien n'aboutissait; et l'on apprit, avec un désespoir mêlé d'indignation, que la vente des sucres avait échoué au moment de la signature. A qui la faute? On l'ignorait.

Par contre, la vente des graines de coton aboutit. Le contrat portait sur 1,200,000 ardebs à p. t. 55 l'an, payables par tiers, le 25 novemdre, le 5 et le 15 décembre, et que le ministre rachetait simultanément à p. t. 61 1/2 (soit p. t. 6 1/2 de prime), règlement le 15 janvier, le 15 février et le 15 mars, en bons de la daïra à 3 mois, produisant 12 p. 100 d'intérêts. C'était de l'argent à plus de 33 p. 100 : le remède était pire que le mal. L'escompte des obligations de la daïra monta du coup à 30 p. 100. Du reste, l'affaire fut vite discréditée; les preneurs eux-mêmes s'en chargèrent en offrant jusqu'à Londres des participations à 2 et 3 p. 100 de perte.

L'opération de l. st. 2,000,000 n'avait existé qu'à l'état de rumeur. Le public y avait cru facilement, parce qu'il en souhaitait la réalisation.

Quant aux négociations pour l'option, il n'y avait qu'erreur; car on traitait, mais en vue du ferme et non de l'option. Bien que le temps pressât, les pourparlers furent conduits, comme toujours, avec une sage lenteur, et l'accord ne se fit qu'au commencement de décembre. Aux termes de la convention, le prix de la partie ferme de l'emprunt (l. st. 16,000,000) était réduit de 4 unités (de 75 à 71), et le gouvernement reprenait pour son compte propre à 82 1/2 les l. st. 3,500,000 que l'insuccès de l'émission avait laissées à la charge des contractants. C'était un cadeau de plus de l. st. 1,000,000. En retour, ceux-ci faisaient au khédive, contre bons à un an et 12 p. 100 d'intérêt, une avance de l. st. 4,000,000 payables par quarts, de décembre à mars. Il y avait là, pour les cours de l'emprunt et de la dette flottante, les éléments d'une amélioration sérieuse. Pourtant rien ne bougea, si ce n'est les participations, qui trouvèrent de rares acheteurs à 3 p. 100 de perte, tandis que les *scrips* étaient offerts à 12 unités ou 14 p. 100 au-dessous du prix d'émission. Chacun sentait qu'au fond rien n'était réglé. Le ministre n'avait réussi qu'à obtenir du répit, et à quel prix ! Ainsi, pour payer les échéances de la seconde quinzaine de décembre, il avait dû livrer des assignations à 2 et 3 mois produisant 20 p. 100 d'intérêts, contre des traites à 15 jours de date, sur Londres, au change de 98 3/4 (1 1/4 p. 100 de prime), plus

1 p. 100 de commission. C'était monstrueux! Et il lui arrivait parfois de faire plus mal. Subir de semblables conditions, n'était-ce pas avouer une prochaine faillite?

C'est au milieu de ces cruels embarras que s'éteignit l'année 1873. Elle avait été peu propice à l'Égypte. Sans parler des produits du sol, dont le rendement, à l'exception de celui des sucres, avait été fort médiocre, l'emprunt 1868, que l'on tenait pour définitivement classé, et celui de la daïra (1870) avaient baissé de 12 p. 100; les traites Moukabalah, au lieu de 12 p. 100 d'intérêt, faisaient 16 p. 100 d'escompte l'an, et le taux des reports, de 12 à 14 p. 100 qu'il était à la fin de 1872, roulait depuis 3 mois entre 20, 24, 26 et jusqu'à 30 p. 100. Encore les rares banques qui continuaient de pratiquer ce genre d'opération exigeaient-elles, malgré l'avilissement des prix, des marges de 20 à 25 p. 100, quand ce n'était plus. Et où trouver la raison d'un semblable renversement? Où? sinon dans le dernier emprunt! Cette malheureuse opération, conçue dans des proportions démesurées, mal garantie, appliquée au rebours du bon sens à l'extinction des dettes les plus éloignées, et émise à un taux ridiculement élevé, pèserait longtemps sur les finances égyptiennes, si elle ne les ruinait.

CHAPITRE IV.

1874. — Dissolution du syndicat de l'emprunt 1873; ses résultats. — Nouvelles défavorables de Constantinople. — Grande
baisse de l'emprunt. — Création de la daïra des familles.—
Projet de société industrielle. — Mise à l'étude de la vente
des biens Wakoufs. — Efforts du ministre des finances.—
Ventes de céréales et autres opérations. — Détresse du Malieh. — Report à 36 pour 100 d'intérêts l'an. — Emprunt du
Rouznamé; son émission; son succès. — Revirement dans
la situation. — Baisse des escomptes. — Crise passagère. —
Intervention du Crédit foncier. — Abondance d'argent. —
Les reports à 6 pour 100, et l'emprunt 1873 à 78.

Le 1ᵉʳ janvier 1874 au matin, les participants
furent gratifiés d'une circulaire les avisant qu'en
vertu de la nouvelle convention passée entre le
gouvernement et les contractants, ils auraient à
verser 4 p. 100 du montant nominal de leurs participations (ferme et option), le 1ᵉʳ février, et 4 p. 100
le premier mars, ou mieux 16 p. 100 en deux fois

de la partie ferme, l'option n'ayant pas encore été déclarée. Le comité attachait-il à cette communication l'idée d'un cadeau de nouvelle année? Si oui, l'intention ne fut pas appréciée par les destinataires , car le jour même les participations tombèrent à 6 p. 100 de perte, sans acheteur.

Cet appel fut bientôt suivi de la dissolution du syndicat (10 janvier) auquel avait été confié le soin de soutenir, de sauver l'emprunt. Grâce à d'habiles manœuvres, la partie du ferme mise en commun avait été écoulée à l. st. 1,600,000 près. On décida, pour en finir, que ce solde serait réparti. Le temps pressait; nombre de participants de première et de seconde main réclamaient leurs titres; quelques-uns même menaçaient le comité de l'huissier; mais cette extrémité leur fut épargnée.

La mesure avait produit une grande méfiance. Et pourtant, si le premier mouvement des spéculateurs engagés à la hausse fut un mouvement de frayeur, on ne pouvait nier que la répartition des titres viendrait en aide aux participants, en leur fournissant un gage pour se créer des ressources, et par conséquent le moyen d'éviter des réalisations à tout prix. Cette dernière impression tendait à dominer, quand les nouvelles de Constantinople vinrent tout gâter. Les mandats turcs échéant le 1er/13 janvier à Londres avaient été protestés faute de paiement. Bien que les finances égyptiennes n'eussent aucun lien de solidarité avec celles de la Porte, le public ne pouvait s'empêcher d'établir entre elles une certaine corrélation. L'exemple pouvait du reste devenir contagieux. Il en résulta une panique dont une maladresse du ministre aggrava encore l'intensité. C'est le moment qu'il avait choisi pour introduire à la négociation, à 18 p. 100 d'escompte, des obligations de la daïra à 18 mois d'échéance, et des traites à un an sur le gouvernement d'Alexandrie à 20 p. 100 d'intérêt. A cette dernière offre, les banquiers répondirent par celle de 20 p. 100 d'escompte contre papier sur Londres à trois jours de vue, au change de 99 (1 1/2 p. 100 de prime). Inutile d'ajouter que la demande pour les valeurs de la dette flottante s'arrêta net.

Pour compléter le tableau, l'emprunt 1873 fit son apparition sur le tapis et débuta à 67, soit 17 1/2 unités ou plus de 20 p. 100 au-dessous du taux d'émission. Dure leçon, et pour les prêteurs et pour l'emprunteur! Profiterait-elle au moins à quelques-uns? Il y avait gros à parier que non.

Au Caire, sans nager précisément dans la joie,

le khédive ne s'inquiétait pas outre mesure. Il est probable que, dès cette époque, il avait pris son parti de la honteuse éventualité au-devant de laquelle il courait en aveugle. En tout cas, il prenait ses mesures à tout événement, en ne gardant en son nom que ses sucreries, hypothéquées par l'emprunt de 1870, et une centaine de milliers de feddans de terre. Il voulait agir proprement, et sauver au moins les apparences. Quant à ses autres propriétés, terres, maisons de rapport, palais, etc., il les fit passer sur la tête de ses femmes et de ses enfants, et organisa cette fameuse daïra de la famille, dont nous aurons occasion de constater le singulier rôle. Pendant deux mois, le grand cadi d'Alexandrie, les muftis, toute la gent de loi compétente et les employés du Mehkemet furent occupés à cette vilaine besogne, qui ne prit fin que lorsque les nouveaux hodjets eurent été mis en règle, légalisés et revêtus des cachets qui devaient en faire des titres de propriété d'une inattaquable authenticité.

Entre temps, l'entourage mettait quelques nouvelles affaires sur le chantier. On s'était beaucoup entretenu, à la cour et à la ville, d'une conception mirifique, baptisée du nom de Société industrielle, et qui avait pris faveur d'autant plus facilement que le khédive rougissait volontiers, quand on l'accusait d'en être l'auteur. Elle avait pour but principal de creuser un canal qui, partant de la moyenne Égypte, descendrait le long de la chaîne arabique, traverserait le Caire sur les rampes du Mokatam, et permettrait non-seulement d'arroser toute la partie est de la tête du Delta, mais aussi de créer au Caire même une série de chutes d'eau d'une puissance considérable, que l'on utiliserait au profit de grandes industries. Un vrai conte des *Mille et une nuits*. Malheureusement, aucun capitaliste n'osa tenter l'entreprise, et, faute de fonds, la Société industrielle resta à l'état de projet.

Il en fut de même de la vente des biens Wakoufs, que le gouvernement avait mise à l'étude. Par Wakoufs, on entend des fondations pieuses faites au profit des mosquées. La valeur en était assez considérable pour tenter la cupidité du khédive. Mais, en admettant qu'il se présentât des acheteurs, la mesure eût soulevé une réprobation universelle dans la population civile, et surtout dans le clergé musulman, qu'il est toujours fort dangereux, même pour un vice-roi, d'avoir contre soi. On y renonça donc, plus encore par un sentiment de peur que par l'appréhension d'un insuccès dont on eut vite pris son parti.

Par contre, le ministre avait réussi (1ᵉʳ février) à trouver acheteur de l. st. 1,000,000 d'assignations à 6 mois, à 21 p. 100 d'intérêt. Partie des échéances de mars se trouvait ainsi assurée. Il les compléta par la vente, moitié ferme et moitié à option, l'option à déclarer dans le délai d'un mois, de 1,000,000 d'ardebs de blé à p. t. 97 1/2 et de 500,000 ardebs de fèves à p. t. 82, livrables en septembre et octobre, et payables 2/3 en mars, 1/3 en avril, avec faculté aux acheteurs de s'acquitter en bons courts. Quelques autres petites opérations et des renouvellements partiels lui permirent aussi de couvrir avril en entier. Les conditions en étaient onéreuses. Mais le gouvernement tenait cette considération pour secondaire; l'important était de donner du répit au trésor, car, de mai jusqu'en septembre et octobre, ses engagements étaient insignifiants, et personne ne l'ignorait.

Malgré tout, les choses allaient de mal en pis. A la liquidation de février, le report sur les traites Moukabalah atteignit un moment 36 p. 100 avec 30 p. 100 de marge; et dans la seconde quinzaine de mars, l'escompte desdites traites monta à 23 et 26 p. 100, tandis que les obligations de la daïra à 15 mois étaient offertes à 25 p. 100. Au Caire, où l'on traitait l'extourne de l'affaire blés et fèves citée plus haut, les contractants n'eurent pas honte d'exiger une bonification de p. t. 22 1/2. Il est vrai qu'ils acceptèrent en payement des bons à 6 mois en moyenne d'échéance ; mais, même dans ces conditions, l'opération constituait un placement qui ressortait à près de 48 p. 100 d'intérêt l'an.

Quant à l'emprunt, de cascade en cascade, il s'était affaissé à 61, et les vendeurs affluaient quand même.

Était-ce la fin des fins, la culbute, que chacun pressentait sans y croire ? Au moment où baissiers et haussiers, reportés et reporteurs, rentiers et banquiers, confondus dans un commun désespoir, supputaient le nombre de jours qui les séparaient de la ruine générale, la situation changea une fois encore d'aspect : on eût dit le coup de baguette d'une fée. Aide-toi, le ciel t'aidera, dit la sagesse des nations. A force de se creuser la cervelle, d'avoir l'esprit tendu par les dangers de sa position et vers les moyens d'y porter remède, le khédive avait été frappé d'une illumination soudaine, et s'était écrié : Ευρηκα (je crois qu'il parle un peu grec) : J'ai trouvé ! Et il avait trouvé en effet le talisman qui, comme un anneau magique, allait lui permettre de puiser de nouveau à pleines mains dans les caisses de ses banquiers, et de prendre un dernier bain

d'or, avant de succomber sous le poids de ses folles
et monstrueuses dépenses.

Il existe dans l'organisation financière du gouvernement égyptien une institution d'un caractère
mi-civil et mi-religieux, qui avait inspiré jusques
alors une entière confiance à la population indi-
gène. Elle a nom : Ministère du Rouznameh. Je ne
puis mieux la comparer qu'à une caisse de dépôts
qui, moyennant le service d'une rente convenue,
aurait le droit de disposer à perpétuité des capitaux qui lui sont versés. C'est de là qu'allait venir
le salut !

Comme pour la loi de la Moukabalah, le conseil
privé intervint, et présenta à la haute sanction du
khédive un décret dont les considérants, pour
avoir déjà servi, n'en sont que plus adorables de
bonhomie. Il va sans dire que le ministre des finances joua le premier rôle dans la comédie. Suivant lui, beaucoup d'indigènes détenaient des
sommes d'argent considérables qu'ils laissaient
improductives, faute de savoir les faire fructifier,
et aussi parce que le Coran défend le prêt à intérêt.
Or, lui, ministre des finances, après mûre réflexion,
avait trouvé le moyen d'utiliser ces richesses, au
grand avantage de la prospérité du pays, de l'extension des entreprises commerciales, et de l'essor

des arts et de l'industrie ! Il suffirait pour cela que le Rouznameh émît des titres de rentes perpétuelles pour l. st. 5,000,000. Vous entendez bien : je dis pour l. st. 5,000,000, ni plus ni moins ; d'abord parce que la souscription d'une somme plus forte pourrait rencontrer des difficultés, et ensuite parce que le gouvernement, si préoccupé qu'il fût du bien public, ne voulait pas assumer des charges trop onéreuses.

Et dire qu'en raison même de leur apparente naïveté, ces déclarations produisirent l'effet qu'on en attendait ! Il est vrai qu'au besoin, le courbache des cawas enseignait le chemin des bureaux de souscription aux gens de mauvaise volonté.

Le conseil privé décida donc (18 avril) l'émission au pair de l. st. 5.000,000, en titres nominatifs de l. st. 2 1/2 et l. st. 5 chaque, non remboursables, et produisant 9 p. 100 d'intérêt l'an, payables mensuellement aux chefs-lieux de toutes les mudiriehs. Les registres d'inscription seraient ouverts pendant cinq mois ; le payement aurait lieu en souscrivant.

D'après les rapports de l'intérieur, le montant des versements dépassa en quelques jours liv. sterl. 2,500,000 : la seule ville de Tantah y figurait pour l. st. 500,000. L'événement était trop considérable pour ne pas exercer une influence favorable sur les valeurs du gouvernement. En un clin d'œil, l'escompte des traites Moukabalah et des obligations de la daïra s'améliora de 5 p. 100. Le mouvement était d'autant plus sérieux, qu'à de très-rares exceptions près, les achats se faisaient au comptant, et témoignaient ainsi d'un retour de confiance que l'on n'avait pas compté revoir de si tôt. Quant à l'emprunt, il remonta d'un bond de 3 unités à 64. Le revirement était complet.

Grâce à ce coup de théâtre, la saison d'été s'annonçait sous des auspices moins défavorables. Sans doute, les difficultés que l'on venait de traverser avaient laissé, aux uns des impressions trop cuisantes, aux autres le souvenir de pertes trop cruelles, pour qu'elles fussent oubliées en un jour. Jusqu'à nouvel ordre, il fallait se garder de sortir des règles d'une légitime prudence. Mais de là à se désintéresser du mouvement, à assister impassible aux opérations que d'autres, plus hardis et plus intelligents peut-être, ne craignaient pas de tenter, il y avait loin.

Le gouvernement ne venait-il pas de faire preuve d'une vitalité vraiment extraordinaire ? A bien considérer sa position, il s'en fallait qu'il fût à bout de ressources ! Et d'abord, il lui restait les actions et les parts de fondateur du canal de Suez, qui étaient libres de toute hypothèque ; puis les richesses qu'une bonne administration ne manquerait pas de tirer d'un sol inépuisable ! Un financier de haut grade, qui avait gagné ses premiers galons sous Méhémet-Ali, n'avait-il pas déclaré, dans un banquet à Paris, *que tant que le Nil coulerait, l'Égypte payerait ses dettes !* Et l'assistance, bien que composée d'hommes sérieux et retors, d'applaudir à outrance ! Il est vrai qu'on était après-boire. Enfin, l'extinction à courte échéance (1879-1881) des trois emprunts de 1864, de Mustapha et de Halim Pacha ! On n'en faisait donc aucun compte ? La chose en valait pourtant la peine ! Une disponibilité annuelle au budget de l. st. 1,000,000, plus les garanties !

C'est par ces beaux raisonnements que petit à petit l'opinion se raffermit. L'Europe elle-même se laissa séduire et donna l'exemple, soit en s'intéressant dans des opérations directement traitées avec le ministre, soit en faisant acheter bons, traites et assignations à Alexandrie. L'été se passa donc sans encombre. Porté par un nouveau et puissant syndicat qui s'était organisé pour écouler l'option, l'emprunt montait, montait toujours ! Il atteignit, le 26 septembre, le cours pharamineux de 77 1/2 ex-coupon. Reverrait-on le taux d'émission? Plus d'un spéculateur, sans oser l'avouer, y comptait.

Les valeurs de la dette flottante avaient suivi, bien qu'avec moins d'entrain. De ce côté aussi, des éléments nouveaux étaient entrés en ligne. Derrière l'anglo-égyptian-bank, dont les représentants au Caire occupaient au palais une situation tout à fait prépondérante, et accaparaient les affaires, on devinait, on sentait la main d'une puissance financière de premier ordre. A la suite de quels faux calculs, de quels renseignements absolument erronés, sous l'influence de quel mirage, le Crédit foncier de France, car c'était lui, s'était-il embarqué dans cette galère? C'est ce qu'il serait difficile d'expliquer sans soulever des questions de personnes. Je n'entrerai pas aujourd'hui dans le détail des opérations traitées avec son concours. Plus tard, aux jours sinistres de la suspension de payement, nous le retrouverons en compagnie de son principal acolyte, feu le Crédit agricole : alors ce sera le cas de saisir sur le vif, de disséquer ses agissements et les raisons de ses agissements.

On a vu que, le 26 octobre, l'emprunt 1873 était coté 77 1/2 ex-coupon. C'est l'instant qu'avait choisi la spéculation pour se charger outre mesure d'une valeur qu'elle n'avait osé aborder, en avril, à 61. On ne doit donc ni s'étonner ni la plaindre, si son optimisme inconsidéré fut mis à une rude épreuve à la liquidation du 1ᵉʳ octobre. Baisse de prix de 3 1/2 unités, et hausse moyenne de 18 p. 100 dans le taux des reports (de 11 à 28 et jusqu'à 30 p. 100) : tel en fut le bilan. Très-abondant jusqu'au 25 septembre, l'argent avait subitement disparu. Suivant une habitude invétérée, le Malieh, pour faire face à ses échéances d'octobre, avait englouti dans les coffres du gouvernorat d'Alexandrie une énorme portion du capital flottant, près de l. st. 1,400,000, assurait-on. C'était merveille qu'après un retrait de cette importance, les haussiers s'en fussent tirés à si bon compte.

Comme on devait s'y attendre, les valeurs de la dette flottante n'échappèrent pas à la débâcle ; et l'avis télégraphique de quelques suspensions survenues à Londres, au courant du mois, l'avait encore accentuée. Le ministre en fut le premier victime. Il dut subir finalement, pour une vente de l. st. 1,200,000 de bons à 4 mois, qui était depuis quelque temps sur le tapis, un ensemble de conditions d'un revient de 18 p. 100 d'intérêt l'an. C'était le taux auquel se capitalisaient sur le marché libre les bons Malieh échéant en dedans de

3 mois. Il n'était plus question des obligations de la daïra, bien que les derniers mois de 1875 fussent offerts à 15 1/2 p. 100 d'escompte. Quant aux séries complètes en bons Malieh (opérations Pastré), celles de janvier à août 1875 avaient rétrogradé à 13 1/2 p. 100, et celles de juin 1875 à janvier 1876 les avaient suivies à 1/2 p. 100 près.

La situation se tendait donc de nouveau. Même dans les affaires commerciales, l'argent était recherché à 18 p. 100. Allait-on revoir les transes du dernier hiver ? Fort heureusement le malaise n'était que passager, grâce à la situation financière de l'Europe, où les capitaux en quête d'emploi regorgeaient. L'Égypte ne pouvait manquer de bénéficier largement de ce trop-plein. Et de fait, parmi les titres exotiques et à turban, n'étaient-ce pas ses valeurs qui offraient encore le plus de sécurité et de garanties ? L'exemple du Crédit foncier était là du reste pour rassurer les plus timorés. Aussi, en même temps que Londres et surtout Paris criblaient les banques d'Alexandrie d'ordres d'achats de bons Malieh et d'assignations, chaque bateau de Constantinople et de Syrie, tout comme d'Europe, apportait son contingent d'espèces. A la liquidation du 1er novembre, le report sur l'emprunt tomba à 6 p. 100, et peu s'en fallut qu'il n'y eût déport, malgré la masse de titres dont la place était chargée. Pour trouver un emploi sortable, l'argent dut se rabattre sur la dette flottante, et ne cessa d'acheter durant toute une semaine, s'adressant de préférence aux obligations de la daïra (13 p. 100 d'escompte), comme étant productives de plus gros intérêts. Le retour de confiance était général et sans bornes. L'amélioration atteignit en quelques jours 2 1/2 p. 100, et les séries complètes tombèrent à 11 1/4 et à 11 p. 100, suivant qu'elles étaient payables en Égypte ou en Europe. Hors bourse, l'argent était offert à 9 p. 100.

La marche de l'emprunt était plus tourmentée. Mais, en somme, malgré mille et une alternatives de fermeté et de faiblesse, la tendance restait à la hausse. Après avoir fait au plus bas 70 1/2 (fin d'octobre), il était remonté à 75, prix autour duquel il oscillait (novembre et décembre), perdant ou gagnant de 1 à 2 unités, suivant la teneur des dépêches qu'envoyait la bourse de Londres. Tout eût été au mieux, sans l'indécision que trahissaient les contracdictions nombreuses de ces mêmes dépêches, spécialement vis-à-vis des fonds égyptiens. Évidemment il se tramait quelque sourde menée. Le marché ne procédait plus que par emportement ou panique : d'où pouvait bien venir le mal ?

Le bruit de l'organisation d'un nouveau et puissant syndicat avait couru depuis quelque temps ; mais à voir l'hésitation persister dans les bourses d'Europe, il ne manquait pas de gens qui affirmaient au contraire que c'était l'ancien, le vrai, le réel syndicat qui liquidait prudemment chaque fois que l'on dépassait le cours de 75, et que le moment était proche où le public serait seul à se débattre avec les l. st. 32,000,000 de titres que comportait l'émission. Il y avait là de quoi donner à penser aux plus ardents ; pourtant aucun symptôme de démoralisation n'était signalé. Non-seulement, au camp des haussiers, chacun gardait fermement sa position, dans la crainte d'évoluer en temps inopportun, mais beaucoup continuaient d'acheter, bien que l'on eût atteint le cours de 77 (seconde quinzaine de décembre).

Tout à coup le voile fut déchiré ; c'était bien le fameux syndicat qui liquidait, devançant de 3 mois l'époque fixée pour sa dissolution. C'est du moins ce qu'affirmait une dépêche arrivée dans la nuit du 1er janvier 1875, toujours sans doute comme cadeau de nouvelle année. Il y eut un premier mouvement de frayeur ; mais on ne tarda pas à se remettre. Après tout, depuis longtemps déjà le syndicat n'existait plus qu'à l'état de menace pour la place d'Alexandrie, qui au moindre élan était exposée à une avalanche de ventes dont les affidés seuls connaissaient l'origine.

Huit jours après, l'emprunt faisait 78 avec tendance à une nouvelle hausse.

Mais revenons au ministre et à ses œuvres.

CHAPITRE VIII.

1875-1876. — Grande amélioration de la situation financière.
— Escomptes à 9 pour 100 et reports à 4 pour 100. — Budget
de l'exercice 1874-1875. — Grosses opérations de l'Anglo et
du Crédit foncier. — L'emprunt 1873 à 81. — Le grain de
sable; aventure Philippart; question du Montenegro et de
l'Herzégovine. — Triste situation et suspension de payement
de la Porte. — Panique à Alexandrie. — Intervention de la
presse anglaise; MM. Fowler, Baker et Shaw. — Circulaire
de MM. A. Dervieu et Ce. — Échéance du 1er décembre 1875.
— X***, le Muffettish et le Khédive. — Origine de la mission
Cave. — Achat des actions du canal de Suez par l'Angleterre. — Amélioration générale de la situation. — Arrivée
de M. Cave en Égypte. — Réaction. — M. F. de Lesseps au
Caire.

Le changement survenu dans sa situation devait
causer au ministre plus que de l'étonnement. Au lieu
d'en être réduit à faire la chasse aux capitaux, les
offres d'argent lui pleuvaient pour une durée et à
des taux inespérés. La chronique racontait qu'il

avait repoussé en une seule fois la proposition de plusieurs millions de livres sterling contre bons à 3 ans à 12 p. 100. Le Caire était devenu le point de mire des convoitises de la haute finance, qui de Constantinople et de Paris déléguait auprès du khédive deux de ses représentants les plus autorisés. Devant tant de compétitions, le ministre comprit que son rôle était de faire la sourde oreille. Les prétextes ne manquaient pas pour justifier ses refus : on était dans la saison où les rentrées de l'impôt sont le plus abondantes, et ses besoins étaient nuls. Il ne pourrait du reste prendre de décision avant de connaître le rendement total de l'opération du Rouznameh, etc., etc.

En attendant, l'escompte s'améliorait, au point qu'à la liquidation du 1er janvier 1875, les bons Malieh trouvèrent preneurs à 9 1/2 et 9 p. 100, pour les échéances de plus de quatre mois, et à 7 et 8 p. 100 pour celle de trois mois et en deçà. En reports, l'emprunt fit 4 p. 100, et la dette flottante 6 p. 100 d'intérêt l'an ; et plusieurs centaines de mille livres restèrent inemployées aux mains des capitalistes et des banquiers. L'abondance de l'argent était extrême.

Le ministre avait contribué de son mieux à préparer cette brillante situation. A défaut de moyens plus efficaces, il avait publié en novembre 1874 le budget de l'année copte 1591 (exercice du 10 septembre 1874 au 10 septembre 1875). Sans doute, ce genre de document ne touchait guère les gens nourris dans le sérail, et connaissant le fort et le faible des petites habiletés du Malieh. Mais ç'était le petit nombre, l'exception. Quant à la foule, au troupeau vulgaire des Philistins et des gogos, jamais il n'eût osé mettre en doute l'authenticité de chiffres, l'exactitude de comptes approuvés par un Conseil privé, et contre-signés par un pacha ministre. Sans compter que les souteneurs gagés des finances du gouvernement y puisaient, pour leurs articles-réclames, des arguments d'autant plus irréfutables, qu'il était impossible de les contrôler.

Prise en elle-même, la nouvelle publication n'offrait qu'un médiocre intérêt. Mais, comparée aux budgets antérieurs, elle ouvrait des horizons si étranges, que je ne résiste pas au désir d'en dévoiler un coin à mes lecteurs. Pas n'est besoin, pour ce, d'aller bien loin en arrière; 18 mois au plus suffiront, et mes investigations ne porteront que sur trois documents. Que serait-ce si je remontais à l'aube du règne?

Ces trois documents sont : 1° le budget publié en avril 1873; 2° le budget publié en octobre 1873, rectificatif du précédent; 3° le budget publié en novembre 1874. En voici les données essentielles en nombres ronds. Cette fois, comme avant, je compte la bourse à 5 l. st., sans fraction; ce qui du reste n'altère en rien les résultats.

BUDGET PUBLIÉ EN AVRIL 1873.

Recettes.	l. st.	6,962,315
Dépenses.		6,313,360
Boni.	l. st.	648,955

BUDGET RECTIFICATIF PUBLIÉ EN OCTOBRE 1873.

Recettes.	l. st.	9,911,965
Dépenses.		8,815,635
Boni.	l. st.	1,096,330

BUDGET PUBLIÉ EN NOVEMBRE 1874.

Recettes.	l. st.	10,542,465
Dépenses.		10,526,485
Boni.	l. st.	15,980

Il ressort tout d'abord de ce tableau qu'au cours d'un exercice, rien qu'en vertu d'une simple rectification, les recettes ont augmenté de liv. sterl. 2,949,650, et les dépenses de l. st. 2,502,425, soit de plus de 1/3 dans les deux cas.

L'augmentation des recettes provient principalement d'accroissements: 1° dans les revenus généraux des provinces (l. st. 2,350,585, dont l. st. 1,575,725 fournies par la Moukabalah);

2° dans ceux des gouvernorats (l. st. 17,000);
3° dans le produit des douanes (l. st. 90,000, et
dans celui des chemins de fer (l. st. 125,000).

Celle des dépenses est due : 1° à la semestrialité
sur le ferme de l'emprunt 1873 (l. st. 626,945) ;
2° à la dernière semestrialité de l'emprunt du chemin de fer (504,560) : 3° aux intérêts à payer jusqu'à la rentrée de l'option : telle est du moins la
rubrique sous laquelle cette dernière somme est
inscrite.

Au budget de 1874, les recettes ont de nouveau
augmenté de l. st. 630,500, et les dépenses de
l. st. 1,710.840. Ce sont encore les revenus des
provinces (dont l'excédant n'est plus cette fois que
de l. st. 331,710, bien que la Moukabalah y figure
pour l. st. 1,574,290); ceux des gouvernorats, de
la douane et des chemins de fer, qui en font les
frais d'une part ; tandis que, de l'autre, ce sont trois
articles entièrement nouveaux : 1° les intérêts de
la dette flottante (l. st. 1,453,125); 2° les dépenses
du Darfour (l. st. 187,195) ; et 3° des à-compte
versés sur un navire de guerre destiné au sultan
(l. st. 98,440).

Il est un quatrième document qui a son importance, et que, sur le vives réclamations du public, le
ministre avait annexé au budget rectificatif de

1873 : c'est le tableau détaillé du montant de la dette flottante au 1ᵉʳ octobre, deux mois au plus après l'émission du grand emprunt.

Ce montant est de l. st. 22,088,808, et se trouve balancé à l. st. 88,808 près par les l. st. 10,000,000 qui restaient à payer, le 15 octobre, sur le ferme, et par les l. st. 12,000,000 de l'option à réaliser. On sait maintenant combien il y avait de fantaisie dans cette façon de présenter les choses. Au lieu de l. st. 24,000,000, le gouvernement ne toucha réellement que l. st. 20,062,658, soit environ l. st. 4,000,000 de moins que les prévisions, mais ce déboire est pour nous sans intérêt. Ce que je veux faire ressortir, c'est l'élasticité véritablement merveilleuse de certaines branches de revenus, qui permettait d'accroitre en 18 mois les recettes du trésor de plus de 1/3, au grand demne des contribuables, déjà trop surmenés. Que ce phénomène se produisît aux dépenses, comme c'était du reste aussi le cas, rien de plus facilement explicable, j'allais dire de plus naturel en pays oriental. On pouvait en croire les chiffres à première vue ; on devine pourquoi. Mais aux recettes ! N'était-ce pas le moment de se méfier, d'essayer un contrôle ? Car rien, ni dans l'importance des récoltes qui n'avaient été que bonnes, ni dans les prix plutôt bon mar-

ché que cher auxquels les fellahs les avaient ven-
dues, rien, dis-je, ne justifiait un surcroît de taxe
aussi exorbitant, et tant de facilité dans la perception. L'augmentation en effet n'était qu'apparente,
illusoire, un trompe-l'œil. Il avait suffi, pour la
produire, de comprendre dans les revenus généraux des provinces les rentrées de cette pauvre
Moukabalah, soit, pour les deux exercices qui nous
occupent, un total de l. st. 3,150,015, ou l. st.
430,185 seulement de moins que l'excédant total
que j'avais relevé.

Je n'ai pas à qualifier un semblable artifice.
L'emploi des rentrées de la Moukabalah avait été
minutieusement déterminé par une loi; elles devaient servir à racheter toute la dette du gouvernement, en commençant par les bons. Les détourner
de leurs fins pour en constituer je ne sais quels
bonis budgétaires faux et menteurs, dans le but
malhonnête de soutirer à meilleur compte le plus
d'argent possible au public : voilà où avait abouti
ce que l'on avait longtemps baptisé chez le khédive
des beaux noms d'habileté, de loyauté, de franchise, d'honnêteté! Encore une réputation usurpée!
Mais je passe.

Personne, bien entendu, parmi les petits porteurs de valeurs égyptiennes, n'avait songé à

exercer sur les faits et gestes du gouvernement un contrôle du genre de celui auquel je viens de me livrer. Quelques-uns des financiers qui jetaient à pleines mains leurs millions, et surtout les millions des autres, dans ce gouffre qui avait nom la Malieh, s'en était-il au moins avisé ? Cela est fort douteux ; car aucun avertissement salutaire, nul cri d'alarme n'était venu troubler la marche ascensionnelle du crédit de l'Altesse. En décembre 1874, pour quelques opérations partielles d'un total de l. st. 700,000 en bons à 4 mois, le ministre avait dû payer encore 13 p. 100. Un mois après, mi-janvier, le taux tombait à 10 pour l. st. 500,000 d'assignations à 90 jours. Mais cela n'était que broutilles en comparaison des grosses négociations qui étaient à la veille d'aboutir.

Au commencement de février, on s'entendit sur une première affaire de l. st. 2,500,000 en bons à 3 mois et 12 p. 100. Quelques jours plus tard, le public apprit la conclusion, toujours à 12 p. 100, d'une opération de l. st. 5,000,000 payables du 1ᵉʳ avril au 1ᵉʳ août, contre assignations échéant du 1ᵉʳ février 1876 au 1ᵉʳ janvier 1877, dont les 3/4 domiciliées à Londres. Le ministre s'engageait à n'émettre ni bons daïra jusqu'au 31 mai, ni bons Malieh jusqu'au 31 août suivant. Grâce à ce coup de filet, il put annoncer qu'il était prêt à escompter les échéances de mars à 6 p. 100 pour le Malieh et à 8 p. 100 pour la daïra Sanieh ; et le taux des bons s'améliora de 1 à 1 1/4 p. 100. Il tomba à 9 p. 100. Mais le mouvement ne s'arrêta pas là. A la liquidation du 1er mars, les nombreux détenteurs des capitaux restés sans emploi firent feu de tout bois, et se jetèrent qui sur les séries, qui sur les assignations, qui sur les obligations de la daïra, courtes ou longues, chacun suivant son tempérament. En sorte que l'on paya les séries complètes jusqu'à 8 1/4 p. 100, les assignations en mai et juin jusqu'à 8 p. 100, et de 9 à 9 1/4 les obligations de la daïra en novembre et décembre.

Au commencement d'avril, 15 jours avant le détachement du coupon, l'emprunt fit 81 au comptant. Tout l'honneur de cette brillante campagne fut attribué aux représentants de l'Anglo, qui avaient négocié et signé le contrat des l. st. 5,000,000. Feinte inutile ! Chacun savait que le principal intéressé, le bailleur de fonds et par conséquent le vrai triomphateur, n'était autre que le *groupe* du Crédit foncier de France, comme on disait par euphémisme.

L'opération des l. st. 5,000,000 avait un pendant, une option l. st. 3,000,000. Les contractants la confirmèrent : ce qui porta le total de l'affaire à l. st. 8,000,000. En retour, le ministre prolongea jusqu'en décembre l'engagement de ne créer de bons ni daïra, ni Malieh. Les l. st. 3,000,000 furent émises en traites de la daïra avec endos du Malieh. Nous les retrouverons plus tard. Mais, hormis le besoin de se prêter un appui mutuel dans leur commune détresse, à l'aide du procédé que l'on flétrit en banque du nom de circulation, qu'avait donc de commun la fortune personnelle du khédive, amoindrie, réduite, subtilisée comme nous l'avons vu par la création de la daïra de la famille, avec les finances du gouvernement? Messieurs de la haute banque se l'étaient-ils au moins demandé? En tout cas, la promiscuité des deux signatures devait créer plus d'un gros embarras, quand sonnerait l'heure de l'apurement des comptes.

La nouvelle de la conclusion de ces deux affaires avait produit de prime abord une impression défavorable en Europe, à Londres surtout, où le stock exchange se plaignait de ce que le gouvernement n'eût pas encore publié l'exposé annuel de sa situation financière. Pourtant, grâce à la ferme attitude de Paris, dont l'intervention dans les finances de l'Égypte devenait chaque jour plus prépondérante, on s'était remis, et tout, l'état de l'opinion aussi bien que l'abondance de l'argent, présageait une nouvelle et forte hausse sur l'emprunt, quand un incident futile autant au fond qu'en apparence, l'avis de quelques suspensions à Londres, dans lesquelles la place d'Alexandrie n'était que peu compromise, vint tout gâter. Ce fut le grain de sable qui empêche le char du triomphateur d'avancer.

L'attention, je n'ose dire la méfiance, était éveillée ; et les fonds égyptiens se trouveraient désormais dans cette bizarre position, qu'aucune circonstance favorable ne leur profiterait, tandis que rien de défavorable en politique ou en finance ne se produirait en Europe qui ne leur fût une occasion de recul, ou tout au moins ne devînt un obstacle à leur développement. Comme exemple, je mentionnerai les difficultés entre la Porte et le Monténégro, l'aventure Philippart, qui provoqua une réaction momentanée de quelques unités, la baisse constante des fonds turcs, et la question de l'Herzégovine. Bref, du commencement d'avril à l'approche de la liquidation de septembre, les prix roulèrent entre 75 et 78, comme limites extrêmes. Les efforts les mieux ménagés et les plus vigoureux furent impuissants à les tirer de ce cercle. La valeur était comme ensorcelée, et perdait à peu près son report à chaque liquidation, à la grande indignation des haussiers, qui gardaient ou renforçaient même leurs positions dans l'espoir de se refaire en bloc à la campagne d'automne. Que ne soupçonnaient-ils les déboires amers que leur réservait un prochain avenir !

Fin mai, les titres de l'affaire des l. st. 5,000,000 firent leur apparition sur le marché par séries complètes, ou en échéances séparées. La série complète (participation de l. st. 22,000 de capital versé, plus les intérêts) se composait de 22 échéances d'environ l. st. 1,000 chacun, échelonnées du 1er février au 15 décembre 1876. Elles débutèrent autour de 10 p. 100. Vers la mi-juin, on les recherchait à 9 p. 100. Dans le but de forcer la demande des longues échéances, le ministre avait annoncé qu'il escomptait à 6 p. 100 les bons Malieh jusqu'au 10 décembre. La manœuvre eut un plein succès. Non-seulement les échéances de trois mois devinrent presque introuvables à 5 p. 100, mais celles de 1876 s'améliorèrent de 1 à 1 1/2 p. 100. La confiance était aveugle, inébranlable.

Ce qui se passait à Constantinople était pourtant bien fait pour rendre prudents les acheteurs. Indépendamment de la question politique, qu'un rien pouvait envenimer, la situation financière était pitoyable. En moins de deux mois, le 5 p. 100 con-solidé était tombé de 44 à 35, et rien ne présageait que la baisse dût s'arrêter là. Il est vrai qu'afin d'éloigner la contagion, quelques journaux influents d'Europe faisaient campagne pour démontrer qu'entre le Caire et Stamboul il n'y avait, au point de vue financier, aucune solidarité, aucune con-nexité, ni surtout aucune assimilation possible. Mais en pareille manière, le public est enclin à ne juger qu'après coup. Et de fait, à force d'entendre parler de l'insurrection de la Bosnie et de l'Herzé-govine, du surcroît de dépenses qui en résulterait pour la Porte, et, chose beaucoup plus grave, d'une réduction probable (de 5 à 4 p. 100) du service des intérêts et de la suspension de l'amortissement, les plus insouciants s'émurent.

Autre élément de réaction : l'ouverture de la campagne cotonnière approchait. C'était l'instant de battre monnaie pour l'intérieur. Les bons courts reparurent. Fin août, on les offrait à 5 p. 100. Les séries elles-mêmes furent gravement atteintes. A la liquidation du 1er septembre, elles rétrogradèrent de 4 1/2 p. 100 à 11 1/2. Il y eut bien encore une amélioration momentanée de 1/2 à 3/4 p. 100 au courant du mois, mais ce fut le chant du cygne. Le 1er octobre, on revit le cours de 11 1/2.

En même temps que l'argent se resserrait à Alexandrie, les nouvelles d'Europe étaient de moins en moins rassurantes. Aggravation de la situation du côté de l'Herzégovine, embarras financiers et hausse de l'escompte à Francfort et à Berlin; demandes d'or considérables sur le marché anglais; tension inquiétante des rapports entre Londres et Pékin, et par suite baisse de 1/2 p. 100 sur les consolidés : la semaine en bourse avait été détestable. Pourtant les fonds égyptiens n'avaient pas trop souffert. Le 6 octobre, l'emprunt 1873 était encore coté 74 3/4 à Londres, et 72 ex-coupon à Alexandrie. La liquidation des valeurs égyptiennes s'était rondement effectuée sur l'une et l'autre place. D'autre part, les dépêches politiques que recevait le Caire étaient plus rassurantes, et laissaient entrevoir la fin prochaine de l'insurrection de l'Herzégovine. Il est vrai que le télégraphe venait d'attribuer à la Porte le projet de réduire l'intérêt de sa dette de 5 à 3 p. 100; mais le démenti, et un démenti formel, catégorique, contre-signé par le grand vizir, ne s'était pas fait attendre.

En bons, les séries valaient toujours 11 1/2 p. 100, les échéances courtes de 8 à 9 p. 100, et celles d'un an de 11 à 11 1/4. Bref, rien ne faisait soupçonner qu'on fût entré dans la semaine terrible, loin de là ! L'aspect du marché s'améliorait, et les haussiers, persistant dans leur optimisme, se croyaient à la veille de récolter enfin les fruits de leur longue patience, de leurs coûteux efforts. Pauvres haussiers !

Le 7, à la bourse du soir, une dépêche annonça qu'à partir du 1er janvier 1876, le service des intérêts de la dette ottomane serait fait pendant 5 ans moitié en argent et moitié en obligations portant intérêt à 5 p. 100. On s'en moqua tout d'abord. Le moyen de croire que les hommes d'État turcs s'inquiéteraient trois mois à l'avance de leurs engagements ! Rien de plus contraire à leur tempérament, et le piége était trop grossier. Tous renseignements pris, il fallut en rabattre, et reconnaître que la nouvelle était vraie. Alors à l'incrédulité succéda la stupeur, puis la colère, puis une panique qui précipita du coup l'emprunt de plus de six unités à 66 1/2. Le 12, on ne le cotait plus que 64 1/2. Quant aux escomptes, la chute semblait moins grave, et l'on pouvait, sans craindre d'être démenti, imprimer le 15 que les séries valaient encore 14 1/2, et décembre et janvier 1876 liés de 14 à 15 p. 100 ; car les affaires ayant été absolument nulles, il n'existait aucun moyen de contrôle. Mais à quoi bon des cotes ? Elles étaient de pure fantaisie, et n'avaient aucune signification quant à la tenue réelle du marché.

Au Caire, où les renseignements confidentiels que le khédive recevait de Constantinople, tenaient depuis quelque temps déjà la cour en éveil, on faisait tête à l'orage. Il était à craindre que la place d'Alexandrie ne fût ébranlée par la bourrasque. Pour lui venir en aide, le ministre ordonna de payer par anticipation les échéances du 1er novembre, d'escompter à 4 p. 100 celles du 9, et de tenir à la disposition de deux banques qu'il désigna des sommes considérables destinées à faciliter la liquidation dont chacun redoutait les conséquences. En même temps il pressait la rentrée des impôts, et en dirigeait le produit sur le gouvernorat d'Alexandrie. On put croire un moment à l'efficacité de ces mesures, dont la nouvelle avait été portée jusqu'à Londres ; du 19 au 20, il y eut quelques demandes d'emprunt à 65 et 66 et de séries autour de 15 p. 100. Mais le vent tourna subitement. Le lendemain, les avis d'Europe étaient désastreux pour les valeurs orientales. Le 5 p. 100 turc venait d'être précipité à 24 1/2, et les égyptiens avaient suivi. L'emprunt 1873 avait un moment perdu le cours de 57. On eût semé à moins la consternation à la bourse d'Alexandrie. Et la liquidation qui, comme un spectre, approchait, menaçant de déchirer tous les voiles dont une spéculation aux abois s'était enveloppée ! Était-ce bien, cette fois, la culbute définitive et sans remède, le krash suprême ? En attendant la date fatale, acheteurs et vendeurs se recueillaient, se surveillant les uns les autres, se gardant de toute opération nouvelle, si minime et si assurée fût-elle ! Les affaires étaient absolument suspendues.

Seul peut-être de son royaume, confiant dans les ressources de son esprit inventif et subtil, le vice-roi ne désespérait pas. Se souvenant des heureux résultats qu'il avait obtenus fréquemment en agissant par la voie de la presse sur l'opinion, il prit le parti de recourir à ce topique. Des communications discrètes furent d'abord insérées dans quelques journaux anglais influents. C'étaient à Londres que s'engendraient les paniques, de Londres qu'elles rayonnaient ; c'est à Londres qu'il fallait rétablir la confiance et trancher le mal dans sa racine. Le terrain une fois préparé, la parole fut donnée non à de vulgaires journalistes, on tenait mieux en réserve, mais à un homme de poids, M. Fowler, et à un voyageur d'une certaine notoriété, sir Samuel Baker.

M. Fowler était ingénieur consultant du gouver-

nement égyptien. Entre autres entreprises importantes, le khédive lui avait confié les études d'un
chemin de fer destiné à relier la mer Rouge au
haut Nil. Sa compétence en ces matières était
indiscutable. Quand donc il entretenait le public des grands travaux accomplis à Suez et à
Alexandrie, de l'agrandissement de ces deux ports,
de l'extension donnée au réseau des chemins de
fer, du creusement d'un grand nombre de canaux
d'irrigation, du pavage, de l'éclairage au gaz, de
l'amélioration de la voirie de plusieurs grandes
villes, et même des sucreries élevées à grands frais
à Minieh et autres lieux, on pouvait l'en croire sur
parole. En était-il de même quand, abordant le terrain financier, il affirmait que les ressources que le
gouvernement s'était procurées par voie d'emprunt, avaient été utilisées pour le plus grand développement de la richesse nationale? Mieux eût
valu qu'il le démontrât !

Quant à sir Samuel Baker, il y allait plus rondement, avec une brutale franchise qu'il avait sans
doute rapportée du Darfour ; il attribuait la crise à
l'ignorance profonde dans laquelle, suivant lui, vivaient les 3/4 des porteurs de titres au sujet des
relations vraies de l'Égypte avec la Turquie. Bien
entendu que lui, Samuel Baker, n'était pas dans ce

cas; son séjour au milieu des tribus sauvages du Nil Blanc l'avait mis à même d'étudier à fond la question. Aussi déclarait-il de haut qu'aucune assimilation n'était possible entre les systèmes administratifs et financiers des deux pays. Puis venait un dithyrambe sur la sociabilité, les lumières, l'énergie, l'infatigable activité, les idées larges et libérales du khédive; son ambition de placer l'Égypte au rang des nations civilisées ; le souci qu'il avait de maintenir intacte sa bonne réputation, etc., etc. Et voilà pourquoi..... la baisse des fonds serait de courte durée.

Ni M. Fowler, ni M. Baker, n'avaient traité la question qui était en jeu. Au lieu d'affirmations toujours discutables, si elles ne s'appuient sur des documents certains, authentiques, il fallait produire un budget sérieusement établi, non moins sérieusement contrôlé, et le compléter par un état exact des dettes du gouvernement. Les revenus de l'Égypte lui permettaient-ils de payer l'intérêt et l'amortissement des emprunts de toutes natures, garantis ou non garantis, dont son prince l'avait grevée? Voilà ce que le public voulait savoir. Il n'avait que faire vraiment des amplifications de sir Samuel Baker sur la bonne foi du khédive. L'ayant expérimentée, il savait à quoi s'en tenir. Le khédive serait-il en mesure de payer ses échéances? Voilà ce qu'il eût fallu mathématiquement prouver avec pièces à l'appui. A ce prix, et à ce prix seulement, la situation pouvait être efficacement retournée.

Pourtant, les lettres de MM. Fowler et Baker, à qui était venu se joindre un tirailleur de bonne volonté, M. Shaw, furent accueillies avec assez de faveur par le Stock-Exchange, pour qu'on leur attribuât une part d'influence dans le mouvement d'amélioration qui s'était dessiné à partir du 25 octobre, et qui, en quelques bourses, avait provoqué sur l'emprunt une reprise de plus de 6 unités (de 57 à 63 1/2). Ce mouvement arriva juste à point pour aider aux opérations de la liquidation, qui, contrairement aux graves appréhensions des intéressés, s'effectua sans encombre autour de 64. En bons, on paya les échéances courtes de 22 à 23 p. 100, les longues de 19 à 20, et quelques séries de 20 à 21.

Après avoir mentionné les plaidoyers de MM. Fowler, Baker et Shaw, en faveur des finances égyptiennes, il y aurait injustice à passer sous silence un travail fait dans le même sens, et publié vers la même époque, par une des banques les plus autorisées d'Alexandrie. Le document vaut une digression, car il est capital.

Suivant MM. A. Dervieu et Cie, le montant des emprunts réunis du gouvernement et de la daïra s'élevait, au 1er janvier 1877, à l. st. 60,531,360, exigeant un service annuel, pour intérêts et amortissement, de l. st. 6,183,134.

La dette flottante, elle, était réduite aux dernières affaires traitées par l'Anglo, savoir:

l. st.   5,000,000 bons Malieh échéant du 18 fév. au 20 déc. 1876.
         3,000,000 bons Daïra Malieh   id.   id.
         2,500,000 bons Daïra éch. de mars 1876 à déc. 1877.
         6,000,000 bons Malieh éch. d'oct. courant à janv. 1876.
         ____
l. st. 16,500,000 . . . . . Ensemble.

On serait bien près de la vérité en estimant le service de cette somme à l. st. 2,500,000. Le service de toute la dette, garantie et non garantie, se trouverait alors porté à l. st. 8,683,134. Or, les revenus de l'Égypte étaient *estimés* à près de l. st. 12,000,000. Il resterait donc au gouvernement l. st. 3,400,000 environ pour subvenir aux besoins de l'administration ; somme largement suffisante. Bien plus, pour peu qu'on apportât l'ordre désirable dans les affaires, et une économie sérieuse dans les dépenses, on aurait chance d'éviter toute crise dans l'avenir.

Il n'y avait rien à objecter au montant des

emprunts. Peut-être celui de la dette flottante était-il inférieur à la réalité de un à deux millions de livres pour comptes courants, reconnaissances de comptes, factures à régler etc. ; mais cela ne tirait pas à conséquence, car on ne pouvait nier que la prévision de l. st. 2,500,000 affectée au service des bons ne fût des plus larges. Mais où péchait le travail, c'était au chiffre des recettes, qui était singulièrement exagéré, comme on l'a déjà vu, et comme on le verra plus loin. Je m'abstiens de toute réflexion sur l'ordre à introduire dans les affaires et l'économie à apporter dans les dépenses. Venant de praticiens aussi expérimentés que MM. A. Dermen et C\u00ae, le souhait ne pouvait être que platonique ; car ils n'en étaient plus à espérer des réformes de cette nature, de la part du khédive ou de ses agents supérieurs. Leurs renseignements sur la dette flottante n'en furent pas moins accueillis avec satisfaction par les personnes compétentes.

La place d'Alexandrie venait de franchir sans hésiter, avec une solidité qui lui faisait honneur, un pas difficile, redoutable ; mais elle n'en était pas moins désorientée, disloquée. Elle avait essuyé des pertes énormes. Quant à un retour de confiance, elle comptait sur l'Europe pour en donner le signal. Or, au lieu de fermeté, ce fut une vive rechute qu'apporta le télégraphe. Ni à Paris, ni à Londres on n'était exempt d'embarras politiques et financiers. Mauvaises nouvelles de Constantinople ; entrevue très-commentée du général Ignatieff avec le Sultan ; dépêches défavorables de la frontière austro-ottomane ; et surtout discours de M. d'Israëli trahissant de graves appréhensions sur les conséquences de la catastrophe financière de la Turquie : tout concourait à déprimer les cours. Le 17 novembre, après une série de baisse de 16 unités, l'emprunt de 1873 faisait à Londres 54. En Égypte, manque d'affaires absolu et cours nominaux. On avait colporté des échéances courtes à 25, puis à 26, puis à 30 p. 100 d'escompte sans trouver preneur. Le marché regorgeait de bons et d'assignations ; et il devenait évident que de gros portefeuilles cherchaient à s'alléger même au prix des plus lourds sacrifices. A ce commencement de sourde panique, le public cherchait une cause secrète ; et il la voulait d'autant plus grosse que les offres venaient de haut, de gens en position d'être renseignés ! La cause, personne n'eût dû l'ignorer, c'était l'échéance du 1er décembre, très-importante, de plusieurs millions de livres sterling. Elle pesait sur la place comme un cauchemar. Chacun la voyait arriver avec terreur, car on avait, hélas ! la certitude que le Malieh n'était pas en mesure ! D'aucuns racontaient même que le ministre, après avoir tout fait pour y parer, rebuté par les exigences outrées de la finance, s'était senti pris de lassitude, de dégoût, et attendait les événements en vrai croyant, sans plus faire ni pas ni démarche pour détourner le coup, disant : « Ce qui est écrit est écrit. »

Le fait est que l'un de ses collègues du conseil, et non l'un des moins influents, s'étant avisé de lui faire visite pour se renseigner sur la situation réelle du Malieh, était revenu tout effrayé. Poussé dans ses derniers retranchements, l'homme de finance avait avoué que la caisse n'était plus pourvue que pour quelques jours, après quoi... Là, il s'était arrêté net, avait baissé le dos, fait les grands bras, tourné et roulé vers le ciel des yeux désespérés, et secoué la tête vivement à cinq ou six reprises. La pantomime était des plus significatives, mais malheureusement peu rassurante.

Du cabinet du ministre, X*** avait couru chez le khédive. Ici, scène d'un autre genre. Aux questions formulées avec prudence et respect par son très-habile interlocuteur, l'Altesse avait répondu avec une indifférence affectée, un petit air talon rouge : « Elle ne savait pas... Elle ignorait... Les échéances du Malieh? Sans doute qu'elles étaient en règle ! Le ministre des finances ne lui en avait soufflé mot. Après tout, c'était son affaire, etc. » Et à la déclaration subite, imprévue, que ledit ministre venait de convenir qu'il était à bout d'efforts, et serait à bout de ressources sous quinzaine : « Eh bien, nous ferons comme le sultan ! » Le cri était parti du cœur.

Mais alors X***, indigné en lui-même, s'était enhardi à démontrer que la situation de la Turquie vis-à-vis de l'Europe était exceptionnelle ; que les graves raisons politiques qui militaient en faveur des immunités financières dont elle jouissait, n'existaient pas pour l'Égypte ; que mieux valait payer, même au prix des plus grands sacrifices, que de prêter le flanc à des ingérances qui ne tarderaient pas à changer de nature et d'objet, et dont on ne pouvait mesurer les conséquences, etc., etc. Mais pourquoi ne pas provoquer soi-même, de son propre mouvement, sans attendre qu'on en fît l'offre, un contrôle européen chargé d'établir l'honnêteté parfaite, la bonne foi, la loyauté du gouvernement, en même temps que ses efforts vraiment surhumains pour tenir ses engagements? On se garantirait ainsi contre les conséquences des pires éventualités, si le malheur voulait qu'on ne pût éviter de les subir.

A un clignement d'yeux que fit l'Altesse, X*** jugea qu'il avait été compris. Ceci se passait dans la premiere semaine de novembre. Vers le 10, on apprit à Londres que le khédive sollicitait du gouvernement l'envoi d'employés supérieurs de la trésorerie pour contrôler ses services financiers. Telle fut l'origine de la mission de M. Cave.

La crise finale se trouva ainsi reculée de cinq mois. Heureux hasard! car sans ce répit, qui permit à beaucoup de porteurs de se dégager, les uns tout à fait, les autres suffisamment pour être en situation de supporter le choc, l'aventure eût été terrible et la ruine effrayante.

Le moxa appliqué au khédive par la main délicate et ferme de X*** opérait. D'ordre du maître, le ministre des finances se mit vivement en devoir d'assurer le payement de l'échéance du 1er décembre, et, si possible, le service de la dette flottante pendant quatre ans. Car tel était le double but des négociations entamées avec des banques de Paris et d'Alexandrie, manœuvrant par l'intermédiaire de l'Anglo, sous le patronage inavoué du Crédit foncier. Cette dernière opération, véritable consolidation provisoire, comportait la création de

l. st. 16,000,000 de bons à quatre ans, produisant 15 p. 100 d'intérêt, garantis par les 176,000 actions du canal de Suez que détenait le Malieh et tous les revenus encore libres (???) de l'Égypte, et destinés à être finalement convertis en un emprunt, quand le remboursement de celui de 1864 serait intégralement effectué. Pour les établissements qui y prenaient part, à commencer par le plus puissant, c'était affaire de renouvellement. Le débiteur étant sujet à caution, sinon déjà insolvable, ses créanciers l'aideraient à durer, dans l'espoir de trouver l'occasion d'endosser leurs créances au public. Mais la combinaison échoua faute d'une base suffisante. Pressé par le temps, le ministre avait songé à tirer immédiatement parti des 176,000 actions qui en constituaient la plus sûre, sinon l'unique garantie. et cette nouvelle négociation était très-discrètement menée, pour compte français, par une banque française d'Alexandrie. On avait d'abord traité d'un achat ferme ; mais le consul d'Angleterre, informé à temps, avait signifié au vice-roi que son gouvernement était décidé à surenchérir sur toutes les offres passées, présentes et à venir. L'affaire avait alors été transformée en une avance sur dépôt du montant de francs 80,000,000, et d'une durée de 3 mois, à raison de

18 p. 100 d'intérêt l'an, plus 1/2 p. 100 de commission. A défaut de remboursement à l'échéance,
les actions devenaient la propriété du prêteur, qui
s'était de plus réservé la préférence, pour le cas où
le gouvernement demanderait un renouvellement.
Le khédive ayant agréé ces conditions, le contrat
avait été signé, sauf ratification de Paris dans les
quatre jours. La ratification ne vint pas, et pour
cause. Mise au courant par ses agents du Caire,
l'Anglo avait fait agir à Paris toutes sortes d'influences pour l'entraver, et n'avait que trop réussi.
On eût pu penser que l'affaire étant essentiellement
française, M. Decazes mettrait à son service et sa
diplomatie, et ses excellentes relations avec le
khédive. Il n'en fut rien. Le représentant de la
France en Égypte ne reçut aucune instruction, et
fut absolument tenu en dehors de la négociation.
M. Decazes avait sans doute des intérêts plus chers
à défendre.

En contrecarrant l'avance sur les actions du
canal, l'Anglo croyait travailler pour son compte
propre ; en réalité, elle joua le jeu de son antago-
niste le plus redoutable. C'est ce dont le groupe
auquel elle servait de truchement put se convaincre, quand, dans la journée du 26, les dépêches
de Londres annoncèrent que le gouvernement

anglais venait d'acheter ferme lesdites actions pour la somme de l. st. 4,000,000 payables immédiatement, en traites à vue sur la maison Rotschild. L'émotion que produisit cette nouvelle fut partout très-vive, au regard de la politique comme à celui de la finance. Politiquement, on y vit un coup de main d'où pouvaient découler les événements les plus graves, si même il ne décidait du sort à venir de la Turquie et de l'Égypte. Aussi n'était-ce pas sans une certaine irritation qu'on le commentait à Vienne et à Berlin, tout comme à Saint-Pétersbourg et à Paris.

Financièrement, l'événement était des plus heureux. L'échéance tant redoutée du 1er décembre se trouvait assurée. Adieu les inquiétudes, les transes, les angoisses poignantes par lesquelles on venait de passer ! Assurément le concours financier que prêtait l'Angleterre à l'Égypte ne s'arrêterait pas là ! Le choix de M. Stephen Cave, comme conseiller du khédive, le prouvait de reste. M. Stephen Cave était un personnage de trop d'importance pour que sa mission se bornât à recueillir les éléments d'un rapport sur la situation. Non-seulement il donnerait des conseils, mais ses conseils devraient être exécutés et suivis. Un moment la spéculation fut tellement grisée par les inductions qu'elle tirait du langage des journaux anglais, qu'elle assimilait déjà les fonds égyptiens aux fonds indiens, sinon aux consolidés. Inutile d'ajouter que le ministre rompit définitivement les négociations engagées pour la consolidation provisoire de la dette flottante. L'Anglo et le Crédit foncier en furent pour leurs intrigues et pour leur courte honte.

En bourse, la révolution produite sur les valeurs égyptiennes avait été complète. Je ne puis mieux en donner une idée qu'en citant les cours de la dernière quinzaine de novembre. J'ai déjà dit que le 17, à Londres, l'emprunt 1873 avait fait un moment 54. Il clôtura le 18 à 57, le 22 à 59, le 24 à 60, le 26 à 67, et le 4 décembre à 72. Il ne fallut rien moins, pour enrayer le mouvement, que les réalisations énormes que provoqua cette hausse rapide et continue de 18 unités.

La dette flottante eut tout naturellement sa part d'amélioration. Pour surcroît de bonheur, le gouvernorat d'Alexandrie recevait depuis quelque temps des sommes considérables de l'intérieur, où les mudirs pressaient la rentrée des impôts. Le crédit du Malieh en fut fortifié, et jouit d'un renouveau d'autant mieux apprécié, qu'on sortait de journées plus sombres et plus tempétueuses.

Bref, dans la commune allégresse, le passé, si cruel pourtant et si récent, fut oublié. La demande se réveilla, se portant sur les échéances les plus longues, comme si les acheteurs eussent craint de manquer bientôt de ce cher papier, dont la possession leur causait tour à tour tant d'anxiété et tant de joie. En bons Malieh, on revit les cours de 14 à 15 p. 100 d'escompte pour novembre et décembre, et de 17 à 18 pour février à juin 1876.

Le 16 décembre, M. Cave, accompagné d'un personnel emprunté à la fois à la chancellerie de l'Échiquier et au Foreign office, débarquait à Alexandrie et repartait immédiatement pour le Caire. A en juger par les fonctions diverses que remplissaient les auxiliaires dont il s'était entouré, sa mission devait tenir à la fois de la politique et de la finance. Le public le constata avec joie, et partit de là pour se livrer aux conjectures, aux calculs, aux imaginations les plus hasardés. Pour peu que le khédive bronchât, le moins qui pût désormais lui arriver serait d'être réduit au rôle de rajah indien, et cela pour le plus grand bénéfice des porteurs de bons et d'emprunts !

Ces illusions ne devaient guère durer malheureusement, non plus que le mouvement d'enthousiasme inconsidéré qui leur avait donné naissance.

L'approche de la liquidation du 1ᵉʳ janvier (1876) le fit bien voir. Bien que les opérations traitées en décembre par la spéculation eussent été très-restreintes, il se produisit un resserrement d'argent qui fit monter l'escompte de 3 et 4 p. 100, et baisser l'emprunt de 3 unités : ce qui n'empêcha pas, j'ai hâte de le dire, les règlements de s'effectuer rondement, sans embarras ni accroc. Mais l'année 1875 n'en clôtura pas moins sur un échec qui fut d'autant plus sensible au créanciers du Malieh, qu'ils y virent un indice certain de la lutte d'influences contraires engagée autour de l'Altesse, et des tiraillements qui devaient finir par mettre à mal le trésor égyptien.

A la nouvelle de la vente des 176,000 actions du canal, M. de Lesseps était accouru au Caire pour traiter, disait-on, de l'achat des parts de fondateur que possédait encore le gouvernement (15 p. 100 de la totalité). Est-il vrai que l'affaire vint sur le tapis ? Si oui, la revanche, en cas de succès, eût été bien maigre. Mais il fallut même renoncer à la prendre, en présence des prétentions ridicules du vendeur, qui exigea de ses titres fr. 40,000,000 et plus.

CHAPITRE IX.

1876. — Lutte entre le groupe anglais et le groupe français. — Inquiétudes du public. — Départ de M. J. Pastré pour Paris. — Bruits de consolidation. — Projet de banque nationale. — Départ de M. Cave. — Les bons blancs. — Payement des échéances de mars. — Arrivée de M. Villet. — Départ de Nubar Pacha. — Projet de caisse d'amortissement. — M. Outrey. — Rôle des gouvernements français et anglais. — Échéance du 1er avril. — La veillée des banques. — La suspension. — Manifestations à Alexandrie. — Les délégués des porteurs de titres et le ministre des finances.

La nouvelle année (1876) débuta mal pour les finances égyptiennes. L'emprunt 1873, qui le 31 décembre valait encore à Londres 79, était tombé le 5 janvier à 61. Exécutions de spéculateurs véreux, disait le télégraphe, et grosses ventes pour compte d'Alexandrie ! Ni ventes ni exécutions ne suffisaient à expliquer une débâcle de 9 unités en moins de huit jours. La vraie raison, c'est que les nouvelles

14

du Caire prenaient une tournure peu rassurante. Depuis l'arrivée de M. Cave, l'entourage du vice-roi s'était divisé en deux camps ayant chacun son diplomate, ses financiers, ses grandes et petites influences, et jusqu'à sa police auprès du maître qu'il s'agissait de circonvenir : le camp français et le camp anglais, dont les compétitions rivales rendaient fort difficile la conclusion d'une affaire de quelque importance. Quant à une entente commune, on ne voyait pas sur quel terrain elle pourrait s'établir, la question, pour l'Angleterre, étant plus politique que financière.

Malgré tout, on négociait très-activement au Caire, où plusieurs affaires étaient sur le tapis. Vers le 15 janvier, le bruit courut que l'Anglo, au nom du groupe français, avait terminé le renouvellement des échéances des 10 et 20 février et des 10 et 20 mars, d'un total de l. st. 1,600,000 environ. Cela suffit pour ramener l'emprunt à 65, et ranimer la demande pour les bons. Mais, quelques jours après, rien n'était conclu, et la main venait au contraire de passer au groupe anglais, qui l'avait emporté. Comme preuve à l'appui, on citait les allures de la bourse de Londres, où tous les fonds égyptiens étaient en hausse marquée. Il est vrai qu'on délaissait les bons absolument, malgré des taux de 16 à 20 p. 100 ; mais ne savait-on pas que le groupe anglais avait refusé de comprendre la dette flottante dans sa combinaison ?

Le mois de janvier s'écoula sans que rien fût conclu d'aucun côté. Et les angoisses de renaître ! Après avoir atteint à Londres le cours de 69, l'emprunt était retombé à 62. Ces brusques et violentes oscillations n'auguraient rien de bon. La situation se compliquait de la présence prolongée de M. Cave, dont les démarches et jusqu'aux moindres paroles étaient commentées à l'infini. Où en était sa mission ? Quelle serait la teneur de son rapport ? favorable ou défavorable ? Allait-il s'en retourner avant que tout fût réglé ?

En même temps, les bruits les plus saugrenus circulaient au sujet des offres dont chacun des deux groupes assaillait le khédive, et des chances qu'elles avaient d'être acceptées, voire même imposées. Certes, le projet de consolidation de la dette flottante dont l'Anglo poursuivait la signature n'était pas à dédaigner, à titre d'expédient. Mais l'opinion penchait pour les propositions anglaises, comme étant plus radicales, et par conséquent plus efficaces. Car, suivant les gogos, et plus d'un homme sérieux figurait dans le nombre, le gouvernement anglais ne songeait ni plus ni moins qu'à se charger de toutes les dettes, garanties ou non, du gouvernement égyptien, pourvu qu'on lui cédât les chemins de fer, les ports de Suez et d'Alexandrie, et quelques autres bagatelles de même importance, sinon de même nature. C'est au plus fort de ces élucubrations qu'arriva (17 février) la nouvelle que l'Anglo avait fini avec le ministre, à valoir sur la consolidation, une avance de l. st. 3,000,000, dont l. st. 2,000,000 comptant, et le reste à option. Décidément le groupe français triomphait ! Quelques jours après, M. J. Pastré s'embarquait pour l'Europe, emportant un projet approuvé par le khédive, et qu'il allait soumettre au syndicat pour compte duquel il traitait : c'est-à-dire au groupe dont le Crédit foncier était tout à la fois l'âme et la tête.

Sur le bruit du départ de M. Cave, l'emprunt avait baissé de 2 unités, et s'était relevé d'autant à la nouvelle que ce départ était ajourné. Le succès de l'Anglo fut de nul effet sur le marché, et laissa le public froid, sceptique, plein de méfiance, en Égypte et en Europe. Londres et Paris, dans l'espoir qu'un mouvement se produirait à cette occasion, avaient lancé de gros ordres de vente en bons et en emprunts à Alexandrie. Aucun ne fut exécuté ; la demande fit absolument défaut. Et

pourtant l'argent sur place abondait. Mais capitalistes et rentiers, avant de s'engager, attendaient
que le traité de consolidation fût bien et dûment
paraphé par les deux parties. L'expérience leur
avait appris qu'à se hâter, il y avait plus fréquemment déception que profit.

Mais en quoi consistait cette panacée dont chacun glosait sans trop la connaître, et que l'on
baptisait du nom de consolidation ? Par quels
moyens et avec quelles ressources entendait-on
effectuer l'opération ? Un emprunt ? Le contrat
de l'emprunt 1873 l'interdisait jusqu'en juillet
1878. Un report de bons au moyen de renouvellements successifs ? A quelle condition le réussir,
dans l'état de délabrement du marché ? Du reste,
bien malin serait celui qui déciderait les porteurs
à prolonger leurs échéances de 2 à 3 ans. Tous
voulaient encaisser ! Le navire faisait eau, et rats
de déguerpir. Quant à imposer l'opération, mieux
eût valu déclarer franchement et immédiatement
la banqueroute.

Après bien des recherches, bien des études et
bien des tergiversations, les fortes têtes du groupe
parisien avaient fini par s'arrêter à la création
d'une Banque nationale. L'idée n'était pas neuve
pour le khédive, qui y avait songé dès 1866, alors

qu'il se préoccupait de l'établissement d'un crédit foncier. Seulement, dans la conception vice-royale, les deux institutions étaient liées intimement et devaient se prêter un mutuel appui. M. A. Crémieux, consulté à ce propos, avait fourni un mémoire sur les réformes qu'il conviendrait d'apporter dans l'organisation de la propriété en Égypte, pour faciliter la négociation des obligations foncières. Mais sans doute que l'application de ces réformes avait déplu, car depuis il n'avait plus été question ni de Banque nationale, ni de Crédit foncier.

L'opération que M. J. Pastré s'était porté fort de faire accepter, était plus simple et moins compliquée dans ses rouages. Comme pivot, une Banque nationale basée sur un large capital (l. st. 4,000,000 ou 5,000,000), avec mission de centraliser dans ses caisses tous les revenus de l'Égypte, et de prélever sur ces revenus les sommes nécessaires au service de la dette. L'excédant serait tenu à la disposition du gouvernement. La Banque serait en outre chargée du service et de l'extinction de la dette flottante, moyennant l'émission de bons trentenaires garantis par le produit des chemins de fer de la haute Égypte, celui de l'octroi et du port d'Alexandrie, et par les parts de fondateur du canal de Suez. Afin d'assurer le fonctionnement régulier et de bien établir le crédit de la nouvelle institution, trois commissaires européens, désignés au choix du vice-roi par chacune des trois puissances les plus intéressées dans les affaires égyptiennes (la France, l'Angleterre et l'Italie), en contrôleraient les opérations, et veilleraient à ce que les revenus assignés au service de la dette ne fussent pas détournés de leur emploi. Déjà la France avait formellement répondu à la demande de l'Altesse, et l'Italie, on le savait, ferait de même. Restait l'Angleterre, qui soulevait des objections. Mais on saurait se passer d'elle, si elle ne venait à résipiscence. On pouvait donc tenir l'affaire pour terminée; au point que l'Anglo avait convoqué, pour le 28 mars, ses actionnaires en assemblée générale, afin d'en obtenir l'autorisation de fusionner avec la nouvelle Banque, en lui apportant capital et personnel.

Que le khédive eût approuvé sans arrière-pensée un projet qui le dépouillait de sa prérogative la plus chère, et mettait en réalité l'administration du pays aux mains d'agents étrangers, la peur seule, et une peur sans remède, eût pu l'y contraindre. Or rien n'indiquait encore qu'il fût entré dans cette phase. Grâce au système de bascule qu'il pratiquait à merveille entre le représentant de la France, je dirais presque de M. Decazes, et celui de l'Angleterre, il trouvait toujours sur qui s'appuyer dans ses plus grandes détresses. N'était-il pas à craindre qu'avec sa grande finesse et son esprit de ruse habituel, il ne se dérobât aux effets de la parole donnée ? C'est ce que le public était enclin à penser, d'autant plus que l'on était sans nouvelles du résultat des négociations engagées à Paris, bien que M. J. Pastré y fût arrivé depuis plusieurs jours.

D'autre part, la combinaison à l'aide de laquelle on espérait se débarrasser de la dette flottante reposait sur des bases singulièrement fragiles. La somme de bons à éteindre n'était pas moindre de l. st. 20,000,000 assurément ; et même en admettant que la Banque, comme ses prôneurs en affichaient la prétention, pût placer ses propres émissions à 9 p. 100 d'intérêt, elle avait à pourvoir dès la première année à un service de l. st. 1,800,000 avant de songer à aucun amortissement. Or quel pouvait bien être le net produit des chemins de fer de la haute Égypte, si tant est que produit il y eût ? Aucun document public ne l'avait jusqu'alors établi, et il est probable que cette exploitation, au lieu de présenter un bénéfice, se soldait en déficit. De plus, en estimant à l. st. 700,000 les revenus de l'octroi et du port d'Alexandrie, on était au delà de la vérité; et quant aux titres de fondateur, bien qu'ils fussent cotés en bourse, le jour était loin encore où l'on en retirerait soit un capital, soit des revenus dignes d'être portés en ligne de compte. On rentrait donc, comme on voit, dans la catégorie des garanties insuffisantes ou de fantaisie. Mieux eût valu n'en mentionner d'aucune sorte.

Enfin, M. Cave s'était embarqué pour Brindisi, laissant les choses en pire état qu'il ne les avait trouvées, et emportant un rapport que l'on commentait de cent façons, faute d'en connaître le fond. En sorte que l'incertitude grandissait au lieu de se calmer.

Ainsi la situation s'aggravait de jour en jour. L'inquiétude gagnait non-seulement le monde de la finance, mais l'entourage même du khédive. Mars approchait avec ses fortes échéances, et le coupon de l'emprunt de 1873 en plus (l. st. 1,282,838). Le ministre se multipliait, s'évertuait. Mais serait-il prêt à temps? On en doutait, bien qu'il ne reculât devant aucun sacrifice pour extraire des caisses, où il dormait improductif, l'argent des capitalistes prudents ou peureux à l'excès.

Alors commença le règne des bons blancs, papier d'une catégorie toute spéciale, extrait de registres à souche spéciaux, et faisant l'objet d'un compte spécial au ministère des finances. Contre une avance espèces pour un, deux ou trois mois, de l. st. 100,000 par exemple, à 20 p. 100 ou plus d'intérêt, le Malieh délivrait l. s. 200,000, 300,000, et jusqu'à l. st. 400,000 desdits bons en garantie. La source en était intarissable. Comment résister à des offres aussi tentantes, à moins d'avoir le cœur ceint d'un triple airain? Aussi beaucoup succombaient. Mais que devenaient les vrais bons, en face d'une concurrence aussi..... j'allais dire déloyale? Décembre était offert à 25 p. 100, et juillet à 32 p. 100 d'escompte sans preneur. Pauvres porteurs!

De Paris ou du Caire, aucune nouvelle certaine au sujet de la banque nationale. M. Pastré négociait toujours, et toujours était à la veille d'aboutir, et c'était tout.

Pourtant l'échéance du 1ᵉʳ mars fut régulièrement payée, à cela près que les porteurs durent accepter de 10 à 20 p. 100 d'argent en talaris Marie-Thérèse. Celles du 10 et du 20 le furent également, grâce à quelques renouvellements consentis par les banques avec double et triple marge en bons blancs, et à de grosses ventes de sucre et de céréales faites par la daïra en disponible et à livrer.

Mais chacun sentait que la confiance n'aurait chance de se rétablir que lorsque des mesures d'ensemble, Banque nationale ou autres, auraient assuré l'avenir. La crise passait à l'état aigu.

Le 21, Nubar Pacha s'embarqua pour l'Europe sans tambour ni trompette, comme quelqu'un qui entend gronder le volcan sous ses pieds, et se croisa à quelques lieues en mer avec le commissaire français, M. Villet. L'arrivée de l'un ne compensait malheureusement pas le départ de l'autre. En Nubar Pacha, le parti de la résistance, aux mesures désespérées et malhonnêtes, perdait son champion le plus courageux. Chacun savait l'attitude ferme et digne qu'il n'avait cessé de garder depuis l'origine de la crise. Lui seul était capable, par la sagesse de ses conseils et par ses avis parfois menaçants au fond, mais toujours très-adroitement formulés, de maintenir l'Altesse dans la droite ligne, et au besoin de lui faire tête. Qu'adviendrait-il en son absence? Afin d'atténuer la portée de son départ, on essaya de lui prêter une mission; mais personne ne s'y méprit, et ce voyage, entrepris si brusquement, fut considéré comme l'indice d'une culbute prochaine et inévitable.

Le public était d'autant plus tenté d'y croire, que de la combinaison dans laquelle il avait placé ses dernières espérances, la Banque nationale, il ne recevait plus aucune nouvelle. La vogue était, pour l'heure, à une institution fraîchement imaginée par le vice-roi, il le croyait du moins, et que l'on désignait sous le nom de Caisse d'amortissement. Ladite caisse devait recevoir du trésor les sommes nécessaires au payement des intérêts et de l'amortissement de *la Dette*. Étaient compris sous cette dénomination de dette, les emprunts de 1862, 1864, 1866, 1867, 1868, 1873, la dette flottante, l'annuité due au gouvernement anglais pour les intérêts sur les 176,000 actions du canal de Suez, et le tribut à Constantinople.

Toute opération industrielle et commerciale lui était interdite. L'administration en serait confiée à trois commissaires européens, etc., etc. (le reste comme à la Banque nationale). En aucun cas, ni sous aucun prétexte, on ne pourrait en changer les attributions. Elle était placée sous la garantie des nouveaux tribunaux. Chaque année, en janvier, il serait dressé un état de ses opérations suivant des tableaux arrêtés par le ministre, d'accord avec les commissaires, etc., etc.

Était-ce le cas de rire ou de s'indigner ? Ainsi donc, après deux longs mois d'entrevues souvent désagréables, de pourparlers tournant fréquemment à l'aigre ; après mille combinaisons montées, démontées, modifiées, transformées, approuvées et reniées tour à tour, alors qu'il fallait agir vigoureusement ou périr, voilà à quelle conception hybride le groupe français s'était laissé acculer par le khédive, dont c'était la dernière planche de salut. Rien n'avait pourtant été négligé pour assurer son triomphe. Les capacités financières et la fermeté de caractère de ses négociateurs ayant inspiré de la méfiance, M. Decazes avait immédiatement délégué au Caire, pour les appuyer de son autorité et de ses conseils, un de ses agents les plus habiles, et qui connaissait à fond, pour les avoir pratiqués pendant de longues années, le khédive, ses ministres et l'Égypte. Assurément M. Outrey, ancien agent et consul général de France à Alexandrie, n'ignorait ni l'indécision, ni la mauvaise foi, ni l'esprit d'intrigue et de ruse qui sont l'apanage des gouvernements orientaux. Ses fonctions l'avaient exposé plus d'une fois à en faire l'essai, et il en avait même été victime dans une circonstance que ni lui ni le vice-roi n'avaient oubliée. On était donc en droit de compter sur son expérience, et l'annonce de son arrivée avait été accueillie avec un véritable soulagement. Quant à son énergie, elle était connue. Et pourtant il ne fit

ni mieux, ni plus mal que ses collègues. A l'entendre, et sa parole faisait foi, tout s'arrangerait, et
les difficultés seraient vite surmontées! Le khédive
était du reste animé des sentiments les plus droits;
pour rien au monde il ne consentirait à faillir.
Bref, le fond de ses entretiens, bien qu'enveloppé
de beaucoup de diplomatie et de réserve, pouvait
se traduire par les mots « confiance! confiance! »
Je crois même, si j'ai bonne mémoire, qu'il se laissa
aller un jour à prédire à l'emprunt de 1873 le cours
prochain de 80. Avait-il été circonvenu? Était-il
tombé sous le charme auquel échappait difficilement quiconque entrait à cette époque dans le cercle
d'attraction du khédive? En tout cas, plus d'une de
ses relations paya cher le privilége d'avoir obtenu
ses demi-confidences et partagé ses illusions.

Il n'entre pas dans le cadre de ce récit d'exposer
en détail les luttes d'influence que se livraient
autour du khédive les agents des puissances euro-
péennes, et surtout ceux de l'Angleterre et de la
France. L'attitude du gouvernement français dans
la crise était commandée par les intérêts énormes
qu'avait pris sottement et imprudemment dans les
valeurs égyptiennes un établissement dont il avait
la surveillance, le Crédit foncier. Bien plus, elle se
justifiait d'autant mieux qu'elle était de tradition

nationale, et de tous points conforme à la règle de conduite politique que ses prédécesseurs, royauté ou empire, avaient suivie en Orient depuis des siècles. Son but était d'épargner à l'Égypte les embarras et la honte d'une faillite, et, si la catastrophe ne pouvait être évitée, d'en reculer l'époque, d'en amortir le coup, au moyen d'arrangements et de palliatifs qui permettraient à ses nationaux d'atténuer leurs pertes, et d'échapper à la fâcheuse esclandre qui ne manquerait pas d'en être la conséquence.

Tout autre était la conduite du gouvernement anglais. On l'accusait de travailler sourdement à ruiner le khédive, afin d'avoir l'occasion de se présenter en sauveur et de le tenir, lui et l'Égypte, à sa merci. Si odieux que pût paraître un plan de cette nature, il faut bien admettre que plusieurs faits concordaient à en démontrer l'existence. Une combinaison sérieuse ayant chance d'apporter à la situation un réel soulagement promettait-elle d'aboutir : vite ses représentants intervenaient par un contre-projet de MM. Elliot et Greenfield, ou par les conseils de M. Cave et, plus tard, de M. Rivers Wilson, et au besoin par le *Quos-ego* du général Stanton. Et la solution était indéfiniment ajournée. Il avait été le premier à demander que l'administration financière de l'Égypte fût soumise à un contrôle européen, et lorsqu'il s'était agi de nommer les commissaires chargés de l'exercer, il avait hésité, soulevé des difficultés, reculé. A la bourse de Londres, l'acharnement à déprécier les valeurs égyptiennes était devenu tel, que les manœuvres de la spéculation ne suffisaient plus à l'expliquer. Enfin il était difficile de se rendre compte, autrement que par des raisons politico-financières, du mobile qui avait dicté à M. d'Israëli son discours ambigu du 23 mars. Le public attendait avec une vive impatience la publication du rapport de M. Cave, dans l'espoir d'y trouver, avec un exposé fidèle et complet de la situation, les moyens de conjurer la crise. Quel ne fut pas son étonnement quand M. d'Israëli vint déclarer à la tribune de la Chambre des communes que le khédive, invoquant l'état précaire de ses finances et la nature confidentielle des informations qu'il avait fournies, demandait que le rapport ne fût pas publié! Il y eut en bourse une explosion de colère qui se fondit en une débâcle; de 63, l'empruut 1873 tomba en quelques jours à 51. Jamais on n'avait vu pareille démoralisation. Le chancelier de l'Échiquier, M. Northcote, essaya bien, dans les séances du 27 et du 29, d'atténuer le détestable effet produit par

le langage de son collègue. Mais le coup était porté ;
et quand, le 31, il annonça que le Foreign-office
recevait à l'instant une dépêche dans laquelle le
khédive exprimait le désir que le fameux rapport
fût publié, il était trop tard. La reprise qui résulta
de cette communication atteignit quelques unités à
peine, et ne dura que quelques jours.

Cependant M. J. Pastré était de retour au Caire
sans avoir rien terminé, et il reprenait le cours de
ses négociations, quand il dut brusquement y sur-
seoir. On était à la veille de graves événements.
Les temporisations du khédive portaient leurs
fruits. Avec une adresse dont le succès, il faut bien
le dire, tenait surtout à la position élevée qui le
mettait à l'abri des conséquences de sa trop grande
versatilité, il avait réussi à éluder tout engagement
précis, en inventant mille prétextes pour ajourner
ou refuser sa signature chaque fois que l'heure d'en
finir avait sonné. Son plan était des plus simples.
Abuser de la crédulité des trop naïfs agents que le
Crédit foncier entretenait auprès de sa personne,
pour confirmer le groupe dans la pensée que la
grande affaire, Banque nationale, Caisse d'amortissement, Consolidation ou autre, ne pourrait lui
échapper, et en profiter pour lui endosser la plus
grande part possible de la dette flottante : tel était

le but qu'il poursuivait avec une rare persistance. Dans la position précaire où il se trouvait, mieux valait sans doute un seul créancier que dix ; en cas d'accident, l'entente serait plus facile. Mais le groupe finit, bien qu'un peu tard, par comprendre le piége qu'on lui tendait ; et lassé du jeu malhonnête dont il n'avait été déjà que trop victime, il déclara à l'Altesse qu'il lui refuserait toute nouvelle avance, tant que ses autres propositions n'auraient pas été acceptées et signées.

Voilà où en étaient les choses le 28 mars, trois jours avant l'échéance du 1ᵉʳ avril. Le moment était solennel. Chacun savait que, faute de rentrées du chef de l'impôt (la saison en était passée), et surtout faute de crédit sur place et en Europe, le ministre n'avait pu faire à Londres les fonds nécessaires pour la couvrir. Au Malieh, le désarroi était complet. Le khédive se décida à tenter un suprême et dernier effort pour conjurer la catastrophe. Mettant à bas tout amour-propre, toute fierté, j'allais dire toute pudeur, il prit vis-à-vis du gouvernement anglais et du gouvernement français l'attitude d'un suppliant, fit appel à leur amitié, invoqua leur aide, implora leur secours pour épargner à sa signature l'opprobre d'un protêt. Peut-être eût-il été plus digne de hâter la conclusion de la grande opération qui, grâce à ses roueries de commande, traînait depuis tantôt quatre mois sur le tapis ; mais les contractants exigeaient de lui des engagements, des garanties inconciliables avec la libre satisfaction de ses fantaisies, de ses caprices, et il ne pouvait descendre à les accepter. Quant au risque d'être taxé de fourberie pour l'acte équivoque qu'il méditait, il n'en avait souci.

Le ministère anglais répondit à son pressant appel par une fin de non-recevoir à peine polie. Il ne pouvait rien faire pour le moment.

Mais à Paris les choses se passèrent autrement, et sans doute que le khédive y comptait. M. Decazes avait reçu sa dépêche le 31 mars au matin. A midi, il en soumettait le contenu au conseil des ministres, réuni pour en délibérer. Le cas était grave. Le sort du Crédit foncier et celui de son satellite principal, le Crédit agricole, étaient liés étroitement au sort des finances égyptiennes. Qu'adviendrait-il, si on laissait faillir le khédive ? Ne devait-on pas craindre que le contre-coup d'une pareille catastrophe ne compromît grièvement la considération et le crédit, sinon l'existence même de la seconde institution financière de la France ? Et si cette crainte se réalisait, combien cruelles, combien funestes, combien désastreuses en seraient les conséquences! MM. Decazes et Léon Say n'eurent pas de peine à convaincre leurs collègues de la nécessité d'intervenir ; et pour éviter qu'une interpellation à la Chambre des députés ne vînt encore compliquer la situation, ils s'assurèrent, avec l'assentiment de M. Gambetta, celui des groupes parlementaires dont il est l'âme et le chef. Les fonds nécessaires à l'échéance du lendemain partirent le soir même pour Londres.

Le khédive était-il hors de danger, comme on affectait, et comme il affectait lui-même de le répéter? C'est ce que la suite va nous apprendre.

A Alexandrie, où plusieurs établissements étaient fortement intéressés dans l'échéance du 1er avril, l'anxiété fut poignante. On savait l'extrême pénurie des caisses du gouvernement, et l'impossibilité où il était de payer avec ses seules ressources ; on savait également que la solution viendrait d'Europe. Pendant la nuit du 31 mars au 1er avril, toute la banque fut sur pied, se remuant, s'agitant, formant maints conciliabules pour tromper son impatience, surveillant et faisant surveiller les bureaux du télégraphe dans l'attente de la dépêche libératrice. La bonne nouvelle n'arriva qu'à l'aube ; mais elle n'en fut pas moins connue en un instant aux quatre coins de la ville. Le soulagement qu'elle causa fut énorme, et mélangé d'une reconnaissance légèrement narquoise envers ces bonnes gens du Crédit foncier. Quant à croire que la crise fût terminée, personne n'y songeait. Après les échéances du 1ᵉʳ avril, venaient celles du 10, puis celles du 20, puis celles du 1ᵉʳ mai, et ainsi de suite, tant que la dette flottante n'aurait pas été réglée moyennant quelque grosse opération, et le khédive tenu en laisse par un contrôle sévère et impitoyable. La crainte de l'avenir était telle que l'on offrit vainement à 6 et 8 p. 100 de perte des bons ayant dix jours à peine à courir. Il ne se trouva personne pour affronter le risque. Le payement de l'échéance du 1ᵉʳ avril avait pourtant occasionné quelques réemplois en emprunt autour de 52, coupon du 15 courant compris. Mais bien rares furent les audacieux qui profitèrent de ces cours, que d'aucuns trouvaient pourtant ridiculement déprimés.

Et M. J. Pastré négociait toujours ! On assurait même que cette fois il était tout de bon à la veille de réussir. Or, veut-on savoir à quelle besogne le khédive occupait les loisirs que lui laissaient et son harem et le soin de l'État ? Le khédive ruminait, étudiait de quelle façon il devait tomber pour ne pas trop salir ses insignes, et surtout ne pas compromettre les avantages de sa vice-royauté. Depuis longtemps déjà, cette grave éventualité s'était présentée à son esprit. Nous l'avons vu, au commencement de 1875, prendre ses précautions pour sauver du désastre et arracher aux griffes de ses créanciers sa fortune personnelle, en la répartissant à ses femmes et à ses enfants. Mais ce qui n'était alors chez lui que la crainte vague d'un accident qu'il s'efforçait encore de détourner, s'était transformé à la longue en une décision bien arrêtée d'en finir avec les embarras, la gêne, les soucis que lui causait l'état précaire de ses ressources. Mieux valait affronter la faillite qu'aliéner morceau par morceau ce qui lui restait. Rien ne le forçait du reste à se jeter de haut et tout d'une pièce dans le gouffre. Il pouvait y descendre en plusieurs étapes, y glisser doucement, insensiblement, et qui sait? atteindre le fond peut-être sans lésion ni blessure grave.

Dès le 15 avril, l'entourage savait que la suspension de payement, au moins pour les bons, était arrêtée en principe; il ne s'agissait plus que d'en déterminer le mode, et la façon dont elle serait portée à la connaissance du public. Sur le premier point, on convint d'une prorogation à trois mois des échéances d'avril et mai; et sur le second, tous furent d'accord qu'un simple avis du gouvernorat d'Alexandrie suffirait. Un décret émané du khédive eût donné trop d'importance à une mesure qu'il fallait faire envisager comme transitoire, et toute de circonstance.

L'avis fut affiché le 8 avril au matin, à la bourse d'Alexandrie. Bien que le coup fût attendu, l'impression qu'il produisit n'en fut pas moins profonde. Pourtant la tenue des bourses d'Alexandrie et de Londres fut relativement bonne dans les journées du 9 et du 10. Était-ce étourdissement ou besoin de réfléchir ? Mais là s'arrêta l'hésitation. Du 11 au 15, l'emprunt s'affala à 42, en baisse de 7 unités, ou de plus de 14 p. 100.

Et M. J. Pastré négociait toujours !

La désinvolture avec laquelle la suspension de payement avait été décidée, en comité secret, et quelques jours à peine après une demande de secours qui sentait sa duperie d'une lieue, puis le sans-façon dont on avait usé pour la porter à la connaissance du public, causaient une grande irritation dans la colonie européenne d'Alexandrie. L'attitude des agents du gouvernement vint encore l'accroître. A voir leur hautaine indifférence, leur assurance à prétendre trafiquer, acheter et vendre, user et abuser de la confiance et du crédit comme par le passé, on n'eût jamais soupçonné qu'ils parlaient au nom d'une administration en déconfiture. Était-ce manque de sens moral, ou bien insouciance affectée ? Quoi qu'il en soit, l'effervescence des esprits se manifesta de mille manières, et toujours non sans quelques incidents désagréables pour le vice-roi. Le directeur de sa daïra, ayant offert au marché de Muiet-el-Bassal de vendre des cotons à livrer contre payement immédiat, fut bafoué, conspué, presque hué. En ville, plusieurs réunions, plusieurs meetings furent tenus, et dans l'un d'eux, l'orateur alla jusqu'à demander la déchéance de l'Altesse, tandis que des placards affichés dans les quartiers populeux réclamaient en termes menaçants une mesure plus radicale.

Mais de toutes les démonstrations, celle qui dut l'affecter le plus grièvement se produisit à la Bourse même d'Alexandrie. Mue par un sentiment de flatterie intéressée, l'administration de ladite Bourse avait récemment installé son portrait en grande cérémonie dans la salle du conseil. Quelqu'un proposa de l'en arracher, et de l'expulser du local comme indigne ; et ce ne fut pas sans précaution ni peine que l'on parvint à soustraire la malheureuse toile au honteux traitement dont la colère publique la menaçait.

Ces manifestations avaient le tort d'être tumultueuses, et les exagérations qui s'y donnaient cours en éloignaient les personnes sérieuses et prudentes. On n'en put toutefois dire autant d'une réunion tenue à l'Ottomane-banque par les porteurs les plus gravement compromis. Elle avait pour but la nomination de délégués, chargés de s'enquérir auprès du khédive de l'état des négociations engagées pour la reprise des payements, et de demander qu'au cas où ces négociations échoueraient, ils fussent admis à prendre part à la discussion des mesures qui seraient ultérieurement proposées.

Si recommandables que fussent ces délégués par l'importance des intérêts qu'ils représentaient, (plusieurs millions de livres sterling), l'Altesse refusa de les recevoir, et les renvoya à son ministre des finances. L'entrevue avec ce dernier fut cordiale. Aux questions qu'on lui adressa, il répondit que l'intention du gouvernement était de remplir tous ses engagements, sans recourir à une conversion forcée ; que les négociations suspendues au moment de l'échéance du 10 avril étaient renouées, tant avec le groupe ancien qu'avec un groupe nouveau, et qu'avant le terme fixé, il interviendrait un arrangement qui permettrait de désintéresser entièrement tous les porteurs ; enfin qu'au cas où, contre toute prévision, les négociations pendantes n'aboutiraient pas, les porteurs auraient le droit de se faire représenter à la discussion des mesures à arrêter. Tout allait bien jusque-là ; mais, pour plus de précaution, les délégués ayant voulu le lendemain prendre acte par lettre des déclarations du ministre, celui-ci prétendit qu'il y avait eu un malentendu évident sur le dernier point, disant que leur demande à ce sujet n'aurait de raison d'être que s'il traitait avec eux une opération financière. Entre l'affirmation des délégués et celle du ministre, l'hésitation n'était pas possible. Chacun comprit que la rectification avait été dictée par le khédive, qui s'obstinait, avec un entêtement incompréhensible, à voir une grave atteinte à son autorité dans les résolutions prises à la réunion de l'Ottomane-banque.

Quelques jours après, on répandit le bruit du renvoi du ministre des finances. Mais, dans l'esprit de l'Altesse, le moment de supprimer ce fidèle et trop dévoué collaborateur n'était pas arrivé. Il restait encore trop de méfaits à endosser au pauvre bouc émissaire, pour compte de son illustre maître.

CHAPITRE X.

Pendant que se déroulaient à Alexandrie les premiers actes du drame dont le khédive était à la fois l'auteur et le principal personnage, arrivait le rapport de M. Cave. Ce document méritait-il tout le bruit qu'avait soulevé la question de savoir s'il serait ou non publié? Quelques mots d'analyse mettront le lecteur à même d'en juger. Il débutait par un coup d'œil général sur les vices et les erreurs de l'administration égyptienne; puis venait un exposé succinct des recettes et des dépenses du gouvernement, suivi du détail des emprunts, avec l'indication du produit net et du revenu de chacun d'eux , et enfin les moyens de conjurer la crise.

La première partie avait été toute une révélation pour l'Europe, qui jusqu'alors ne connaissait l'Égypte qu'à travers le nuage d'encens dont une presse à gages enveloppait l'Altesse. Mais, pour l'habitant des bords du Nil, elle n'avait de mérite que celui de confirmer officiellement la vérité de faits que lui-même avait observés, et dont il avait été fréquemment témoin. Quiconque avait résidé quelque temps dans les villages de l'intérieur, voire même au Caire ou à Alexandrie, était en effet édifié amplement sur la situation triste et précaire des employés du gouvernement égyptien, et sur la corruption qui en est la conséquence ; sur les façons de proconsul romain avec lesquelles les gros fonctionnaires pillent d'une main le trésor et dépouillent de l'autre les paysans ; sur la grande misère et l'oppression que subissent les fellahs ; sur les coûteuses erreurs commises par le khédive dans l'établissement de ses sucreries, dont plusieurs, bien que pourvues de précieuses machines, ont dû être abandonnées faute d'aliment, tandis que d'autres restent inachevées avec leur matériel à pied d'œuvre ; enfin sur les négligences et les irrégularités dont fourmillaient la comptabilité du

Malieh et celle de la daïra, que l'on eût dit avoir été enchevêtrées l'une dans l'autre par le ministre des finances, dans l'intention de se rendre indispensable.

Disons pourtant que, de l'existence d'un Crédit foncier ou Banque foncière dont parlait le rapport, personne n'avait jamais eu vent. Peut-être le khédive, au cours de ses confidences à M. Cave, avait-il baptisé de ce nom l'ex-Société générale égyptienne, dans laquelle la plus grosse part de sa mise de fonds avait été engloutie rien qu'en frais d'installation et d'administration, et antérieurement à tout fonctionnement. Mais, entre cette coûteuse expérience et une institution de crédit foncier, la confusion, même venant d'une Altesse, eût été osée. Quant à la guerre d'Abyssinie, au lieu des éclaircissements qu'attendait le public sur l'organisation, la conduite, les péripéties, les revers, et surtout sur les motifs, le but et la fin probable de cette odieuse aventure, M. Cave se bornait à dire qu'elle *avait été pour ainsi dire imposée au khédive,* que la *gloire stérile de la guerre ne pouvait éblouir*. Cela frisait la moquerie. Aussi le désappointement avait-il été considérable ; et mieux eût valu passer sous silence cette ruineuse expédition que de la mentionner aussi brièvement.

Au chapitre des recettes et des dépenses, M. Cave s'inspirait des documents et des renseignements verbaux que lui avait fournis le vice-roi, et il en prévenait le lecteur. Soin inutile, car on le devinait de reste, rien qu'à la façon optimiste dont les choses étaient présentées. Pour n'en citer qu'un exemple, parlant de la probabilité d'une augmentation dans le rendement futur des douanes, le rapport disait : « Il y a eu un accroissement graduel et continu dans les exportations de coton, qui se sont élevées de 1,250,000 cantars, en 1867, à 2,600,000 en 1874. Or, dès 1864, lesdites exportations avaient atteint ce même chiffre de 2,600,000 cantars ; et si elles étaient tombées à 1,250,000 en 1867, ce n'était qu'accidentellement, par suite d'une inondation insuffisante, et de circonstances atmosphériques défavorables. Une pareille erreur avait lieu de surprendre, venant d'un personnage aussi grave, et en situation d'être aussi exactement renseigné. Cette partie du rapport ne contenait du reste rien que je n'aie antérieurement exposé, si ce n'est pourtant que, par voie de simple décret, le khédive avait prolongé de cinq années, jusqu'en 1886, la mise en vigueur de la loi de Moukabalah. A ce propos, M. Cave voulait bien déclarer que cette loi, très-avantageuse aux propriétaires, était

par contre ruineuse pour les finances de l'État.
Mais des spoliations dont elle avait été le prétexte
et l'instrument au détriment de ces mêmes propriétaires, il ne disait mot. A peine indiquait-il in-
cidemment que le montant des sommes qu'en avait
retirées le trésor, bien que primitivement destiné
à l'extinction de toutes les dettes de l'Égypte,
n'avait servi et suffi qu'à en payer les intérêts ;
affirmation au reste plus que légère, et dont l'Altesse elle-même eût été fort embarrassée de prouver l'exactitude.

En somme, tout l'intérêt du rapport était con-
centré dans la troisième partie. J'y insisterai donc
d'une façon toute particulière.

Suivant un état fourni à M. Cave par le ministre
des finances, le total des recettes et des dépenses
effectuées de 1864 à 1875 inclusivement, soit en
douze années, s'établissait comme suit. Je parle en
nombres ronds :

RECETTES.

Par revenus.	L. st.	94,281,000
Actions de Suez.		3,977,000
Emprunts.		31,714,000
Dette flottante.		18,243,000
	L. st.	148,215,000

DÉPENSES.

Administration. . . . . L. st.	48,868,000
Tribut à la Porte.	7,593,000
Travaux d'utilité publique. .	30,240,000
Dépenses extraordinaires. . .	10,540,000
Intérêts et amortissements. .	34,899,000
Canal de Suez.	16,075,000
	L. st. 148,215,000

Il ressort de ce tableau que le montant des revenus, augmenté des actions du canal, ou l. st. 98,258,000, excédait de l. st. 1,000,000 les frais d'administration, le tribut à la Porte, les travaux publics, et les dépenses extraordinaires. En sorte qu'aux l. st. 50,000,000 fournies par les emprunts et la dette flottante, on ne trouvait de contre-partie que les l. st. 15,075,000 sur les l. st. 16,075,000 que la Compagnie du canal avait coûté au gouvernement. Quant à la somme de l. st. 34,899,000 inscrite sous la rubrique « Intérêts et amortissements, » elle se décomposait en l. st. 8,667,000 d'amortissement et l. st. 26,232,000 d'intérêts. D'où la conclusion que, pour éteindre une dette originaire de l. st. 15,075,000 augmentée des l. st. 11,000,000 léguées par Saïd Pacha, (soit l. st. 26,075,000 ensemble), le khédive, en douze années, avait payé l. st. 8,667,000 d'amortissement, l. st. 26,232,000 d'intérêt (plus de 655,000,000 de francs !), et contracté en outre une nouvelle dette de l. st. 68,000,000, dont l. ster. 18,000,000 flottant et payables en deux années, et l. st. 50,000,000 d'emprunts remboursables jusqu'en 1903 en 48 annuités d'un total de l. ster. 99,460,000 espèces. Que penser d'un pareil résultat ? Peut-on imaginer rien de plus extravagant, de plus oriental ?

L'application de la Moukabalah fournissait une preuve nouvelle de la légèreté coupable avec laquelle on avait grevé, dilapidé l'avenir au profit du présent. A quoi devait aboutir en fin de compte le fameux projet pour éteindre toutes les dettes de l'Égypte? A faire disparaître du budget un revenu perpétuel de l. st. 2,500,000, pour une rentrée, en quatorze années, de l. st. 26,000,000.

En somme, suivant M. Cave, la situation était celle-ci : Aucune garantie de quelque valeur qui ne fût engagée ; nulles ressources pour faire face à la dette flottante. Une catastrophe était donc imminente. Comment l'éviter? Ne pourrait-on, en opérant sur les emprunts de 1868 et 1873 et sur la dette flottante, se procurer les garanties nécessaires pour unifier la dette à un taux d'intérêt modéré? Je ne discute ni ne juge, je raconte.

Mais au succès d'une combinaison de cette nature, il y avait une condition essentielle, *sine quâ non* : c'était la création d'un bureau de contrôle placé sous la direction d'un fonctionnaire européen inspirant toute confiance, et nommé par le vice-roi. Le rôle de ce bureau serait de surveiller la répartition et la perception des impôts ; d'encaisser directement, des mains mêmes des percepteurs, certains revenus à déterminer, au nombre desquels l'impôt foncier et la Moukabalah ; d'organiser dans les provinces un corps d'inspecteurs chargés de prévenir les détournements commis au détriment du trésor, dans la filière que suit l'impôt pour arriver du contribuable au Malieh, et d'empêcher les exactions pratiquées sur les fellahs au moyen des perceptions irrégulières et anticipées et des emprunts forcés. De plus, il faudrait que le khédive tînt compte des recommandations du bureau de contrôle, reprimât tous les actes de mauvaise administration que ce bureau lui signalerait, et prît l'engagement de ne plus contracter d'emprunt sans son consentement.

A ce prix, et à ce prix seulement, la confiance renaîtrait, et la situation pourrait s'arranger. Voyons maintenant de quelle façon.

La dette du gouvernement égyptien, en y ajoutant l. st. 1,000,000 de prévision pour les dépenses de la guerre d'Abyssinie, était de liv. sterl. 68,643,949, et celle de la daïra, qu'il serait bon, suivant M. Cave, de comprendre dans l'arrangement, de l. st. 9,032,620 : en tout, l. st. 77,667,569 à unifier. Mais on simplifierait de beaucoup l'opération, en laissant en dehors les trois emprunts, dont l'amortissement (auquel on affecterait le produit de la Moukabalah) serait éteint en 1881, à savoir : l'emprunt de 1864, celui de 1865 (Daïra), et celui de 1867 (Mustapha Pacha) : ensemble, l. st. 4,746,812. Le total à unifier ne serait plus alors que de l. st. 73,000,000, ou l. st. 75,000,000, en ajoutant l. st. 2,000,000 pour les frais et l'imprévu. Or, en répartissant sur 50 années, avec intérêt à 7 p. 100, le remboursement de cette somme de l. st. 75,000,000, on aurait à payer une annuité de l. st. 5,434,425, dont l. st. 672,608 à la charge du domaine privé du khédive, et l. st. 4,761,817 au compte de l'État. Les ressources du gouvernement permettraient-elles d'assurer le service de cette dernière somme ? M. Cave répondait oui, et appuyait son affirmation sur les données suivantes :

CHARGES PERMANENTES DU BUDGET (annuellement).

Tribut à Constantinople. . . .	l. st.	675,308
Intérêts des actions du canal.		198,829
Frais d'administration.		3,067,560
Total. . . .	l. st.	3,941,697

ou l. st. 4,000,000 en nombre rond.

REVENU ACTUEL DE L'ÉGYPTE.

Impôt foncier. .	l. st.	4,305,131
Moukabalah. . .		1,531,118
Autres revenus.		4,852,821
Total. . .	l. st. 10,689,070	l. st. 10,689,070

Dont, à déduire :

Moukabalah réservée aux 3 petits empr.	l. st. 1,531,000	
Charges permanentes.	4,000,000	5,531,000
Solde disponible. . . .	l. st.	5,158,070
Pour un service de. . . .		4,761,817
Excédant.	l. st.	396,253

Il est vrai qu'à partir de 1886, la Moukabalah cesserait de fonctionner. Mais ne pouvait-on compter que d'ici là, en dix années, nombre de terrains en friche seraient mis en culture, et par conséquent soumis à l'impôt, et que les autres revenus augmenteraient de 10 p. 100? Il n'y aurait donc pas d'exagération à admettre qu'à partir de 1886, le budget s'établirait comme suit :

Impôt foncier.	l. st.	3,134,824
Autres revenus augmentés de 10 p. 100		5,338,103
Total.	l. st.	8,472,927

ou, en nombre rond, l. st. 8,473,000, contre un chiffre de dépenses de l. st. 8,761,817, représentées par les liv. sterl. 4,000,000 de charges permanentes, et les liv. sterl. 4,761,817 du service de la dette : soit un déficit de l. st. 288,817. Mais rien n'empêcherait de combler ce déficit par une retenue sur l'excédant des recettes de la Moukabalah, excédant qui, après le complet amortissement des trois petits emprunts, serait encore en 1886 de l. st. 9,071,688. Et M. Cave en concluait que les ressources de l'Égypte, bien administrées, suffiraient à payer ses engagements.

Donc, d'un côté, création d'un bureau de contrôle européen, chargé de répartir l'impôt, de le percevoir, d'en assurer la rentrée intégrale, de prélever les sommes nécessaires au service de la dette; et de l'autre, extinction des trois petits emprunts au moyen de la Moukabalah, et conversion des autres dettes du gouvernement et de la daïra en titres d'un type unique, remboursables en 50 années, et portant intérêt à 7 p. 100 : telle était la voie à suivre pour conjurer la crise.

La mise en œuvre de cette combinaison soulevait plus d'une difficulté. Et d'abord, comment amener le khédive à se dépouiller bénévolement de sa prérogative la plus chère, celle dont l'exercice non-seulement flattait ses goûts, ses penchants, ses prétentions au titre de financier émérite, mais encore lui assurait la libre satisfaction de ses désirs, de ses fantaisies et de ses caprices; comment, dis-je, le décider à livrer à des mains étrangères la manipulation de sa propre fortune et de celle du pays? La lutte, pour y arriver, serait longue à coup sûr, et difficile, et semée d'intrigues et d'embûches de toutes sortes.

En second lieu, le rapport, en avançant que les porteurs de la dette flottante échangeraient volontiers, nominal pour nominal, leurs bons contre les nouveaux titres, trahissait bien plus un désir de M. Cave qu'il ne donnait une certitude. Et, de fait, un pareil règlement eût été souverainement injuste, et le raisonnement même auquel se livrait M. Cave pour le motiver en fournissait une preuve frappante. En effet, quel était le besoin de supposer que la créance des détenteurs actuels des bons était de beaucoup supérieure à la somme primitivement payée au khédive, et qu'avait à voir une considération de cette nature dans l'arrangement projeté? Les porteurs d'emprunt seraient fort malvenus à s'en prévaloir ; car c'est à peine si, du nominal de leurs propres titres (emprunts 1868 et

1873), le gouvernement avait réellement touché 60 p. 100.

Enfin, plus d'un des chiffres enregistrés par M. Cave, était sujet à redressement. Ainsi, au tableau des charges permanentes du budget, le tribut à Constantinople eût dû figurer, non pour l. st. 675,308, mais bien pour 150,000 bourses, ou p. t. 75,000,000, ou l. st. 769,250 : soit liv. sterl. 93,922 en plus.

On pouvait aussi se demander d'où sortait la somme de l. st. 3,067,560, représentant les frais d'administration. Sans doute des officines du khédive. Car nous savons que ces mêmes frais, pour les 12 années comprises dans la période de 1864 à 1875, s'étaient élevés à l. st. 48,648,491 : soit une moyenne par année de l. st. 4,072,374. Et l'organisation du bureau de contrôle et de ses divers services était plus propre à les augmenter qu'à les réduire. Le chiffre des charges permanentes du budget, se trouvait ainsi porté de l. st. 4,000,000 à l. st. 5,000,000, et l'excédant de l. st. 396,183, converti en un déficit de l. st. 603,817, ce qui méritait d'être pris en très-sérieuse considération.

Dans le tableau des revenus pour l'année 1886 et les suivantes, l'impôt foncier figurait pour l. st. 3,134,824. Or, le rapport lui-même avait antérieurement déclaré qu'à partir de cette même date, par suite de l'extinction de la Moukabalah, le produit de l'impôt foncier tomberait de liv. sterl. 4,305,131 à l. st. 2,624,824, ou l. st. 510,000 de moins que le chiffre avancé. En sorte qu'à partir de 1886, la situation générale se trouverait modifiée comme ci-dessous :

RECETTES.

Impôt foncier.	l. st. 2,624,824
Autres revenus augmentés de 10 p. 100	5,338,103
Total.	l. st. 7,962,927

DÉPENSES.

Charges permanentes.	l. st. 5,000,000		
Service de la dette. .	4,761,817	DÉFICIT.	1,798,890
Total. . .	l. st. 9,761,817		l. st. 9,761,817

Donc, l. st. 1,798,890 de déficit, au lieu de l. st. 288,817 seulement. La réserve de la Moukabalah devenait bien maigre pour supporter une charge annuelle de cette importance.

Malgré tout, M. Cave n'en avait pas moins fait une œuvre méritoire en rédigeant son rapport, et il y avait plus d'un enseignement profitable à en tirer, pour qui voudrait lire entre les lignes. Nous verrons du reste plus loin ce qui en survécut après mille essais et tâtonnements, dans l'arrangement provisoirement définitif qui intervint entre le gouvernement égyptien et ses créanciers, par l'intermédiaire de MM. Joubert et Goschen.

En même temps qu'était affiché l'avis de la prorogation des échéances d'avril et mai, on répandait le bruit que l'unification générale de la dette avait été arrêtée en conseil des ministres, aux conditions suivantes : création d'un nouveau titre portant intérêt à 7 p. 100, et remboursable en 50 années. Ce titre serait réparti aux créanciers du gouvernement, à raison de l. st. 80 pour l. st. 100 des anciens emprunts, et au pair pour les bons. Les porteurs de bons auraient, en outre, le choix entre l. st. 60 espèces et les l. st. 100 du nouveau titre. Rien que cette dernière clause montrait le peu de sérieux de la combinaison. Au cas où les détenteurs de la dette flottante eussent préféré le numéraire au papier, comment, et à quel taux, le gouvernement se fût-il procuré les l. st. 10,000,000 espèces que cette préférence eût rendues indispensables ?

Du reste, comme on devait s'y attendre, quinze jours plus tard, les termes de l'opération subissaient un premier changement ; l'amortissement était reculé à 65 ans au lieu de 50, et les porteurs de la dette flottante recevraient l. st. 120 du nou-

veau titre pour l. st. 100 de bons, sans autre réserve ni avantage.

En prenant pour base le cours de l'emprunt (43),
cette combinaison faisait perdre 50 p. 100 environ aux propriétaires de bons. La méfiance était
telle, que quelques-uns se décidèrent à vendre
dans ces désastreuses conditions. Rien que le fait
de courir au-devant d'une semblable réalisation,
montre dans quelle anxiété vivait le public, et combien il importait à tout le monde, au gouvernement
aussi bien qu'à ses créanciers, d'arriver promptement à une solution satisfaisante. C'est à quoi travaillait au Caire, sans trêve ni relâche, M. J. Pastré,
qui était resté seul maître du terrain. Le groupe
anglais avait jugé prudent de se retirer, sans doute
parce que la situation lui avait semblé trop compromise. En conséquence, un projet émané du
Crédit foncier avait été soumis au khédive, qui
avait demandé, pour se prononcer, 48 heures de
réflexion. On touchait enfin au dénoûment. Grâce
à la pression exercée par la diplomatie plus encore
que par les circonstances, l'Altesse se décida à
faire le saut, et, le 7 mai, le *Moniteur égyptien* publiait deux décrets déterminant, l'un les conditions et les garanties, et l'autre le fonctionnement
de l'opération.

Après divers considérants sur le montant des dettes réunies du gouvernement et de la daïra, sur les cas de force majeure et les calamités publiques (?????), qui avaient forcé l'un et l'autre à les contracter, sur l'opportunité qu'il y aurait, en raison même de l'opération projetée, à supprimer la Moukabalah, etc., etc., le premier décret portait en substance :

Toutes les dettes de l'État et de la daïra sont unifiées en une dette générale produisant 7 p. 100 d'intérêt, et remboursables en 65 ans par tirages sémestriels.

Les titres de la dette générale seront délivrés : 1° au pair pour les emprunts 1862, 1868, 1870 et 1873 ; 2° à raison de l. st. 100 pour l. st. 95 des emprunts 1864, 1865 et 1867 (9 p. 100), la différence de taux de 2 p. 100 de ce dernier devant être capitalisée en titres au profit des porteurs ; et 3° à raison de l. st. 100 pour l. st. 80 de la dette flottante.

La dette générale s'élèvera ainsi à liv. sterl. 91,000,000 nominales, jouissance du 1er juillet 1876, et exigera une annuité de l. st. 6,443,600, dont l. st. 684,411 au compte de la daïra, et liv. sterl. 5,759,189 à la charge de l'État.

Sont spécialement affectés au service de la dette

générale, les revenus des moudiriehs de Garbieh, de Ménoufieh, de Béhéra et de Siout, le produit des octrois du Caire et d'Alexandrie, des douanes d'Alexandrie, Suez, Rosette, Damiette, Port-Saïd et El Arish, des chemins de fer, des tabacs, du sel, du fermage de Matarieh, des écluses, des droits de navigation sur le Nil, et du pont de Kasr el Nil, d'un total de l. st. 5,790,845.

Quant à la contribution de la daïra de l. st. 684,411, elle serait payée au fur et à mesure des rentrées, ce qui constituerait un total de revenus nets de l. st. 6,475,256, pour un service de l. st. 6,443,600.

Le décret ajoutait qu'un groupe d'établissements financiers s'était chargé de l'opération ; que des commissaires spéciaux seraient nommés par le khédive pour en surveiller l'exécution, et qu'il serait créé, pour le service de la dette unifiée, une caisse spéciale dont les statuts faisaient l'objet d'un deuxième décret. En voici les dispositions principales :

La direction de la caisse était confiée à des commissaires étrangers, nommés par le khédive à titre de fonctionnaires égyptiens, sur la présentation de leurs gouvernements respectifs.

A l'avenir, les revenus affectés au service de la

dette seraient versés à la caisse spéciale, ainsi
que la quote-part d'annuités de la daïra, et le montant des intérêts dus au gouvernement anglais sur
les actions de Suez. — En cas d'insuffisance pour
payer une semestrialité, le ministre des finances y
pourvoirait sur les fonds du trésor, quinze jours
avant l'échéance.

Les différents entre les directeurs de la caisse
et le ministre seraient portés devant les nouveaux
tribunaux.

Les commissaires, nommés d'abord pour cinq
ans, seraient rééligibles, et siégeraient au Caire.

Toute opération de crédit, commerce ou industrie, était interdite à la caisse.

Le gouvernement ne pourrait, sans l'avis conforme des commissaires, apporter dans les impôts
affectés au service de la dette, ou dans les traités
de commerce réglant les droits de douane, aucune
modification devant en diminuer les revenus. Il
s'engageait, sous la même réserve, ainsi que la
daïra, à ne plus émettre ni bons ni emprunts.

Pourtant, pour ne pas entraver l'administration, il pourrait se faire ouvrir dans une banque un compte courant jusqu'à concurrence de
fr. 50,000,000, à condition que ce compte serait
réglé sur les recettes, et à la fin de chaque année.

Telle était, dans leurs données essentielles, la teneur des deux décrets auxquels avaient abouti les longues et laborieuses négociations poursuivies avec tant de ténacité par le groupe français. Le résultat était-il proportionné à l'effort ? Qui donc eût osé l'affirmer ? Les gens mêmes du Crédit foncier ne se faisaient aucune illusion.

D'abord, un court examen suffisait à montrer que l'opération, même en admettant les données budgétaires de M. Cave, était de beaucoup trop lourde pour les ressources dont on pouvait disposer. Que disait en effet le rapport ? Qu'en 1876, les recettes, moins la Moukabalah, que le premier décret supprimait d'un trait de plume, s'élevaient à l. st. 9,157,952. En défalquant de cette somme les charges permanentes, que j'ai chiffrées à l. ster. 5,000,000, en dehors de toutes dépenses extraordinaires ou imprévues, il restait un solde de l. st. 4,157,952 pour un service de l. st. 5,759,189, ce qui constituait dès le début un déficit de l. ster. 1, 600,000 du chef de l'État.

Quant à la quote-part de la daïra de l. st. 684,411, c'était une dérision que d'en avoir sérieusement tenu compte. Au point où les substitutions opérées par le khédive avaient réduit cette administration, ses revenus ne dépasseraient en aucun cas l. ster.

400,000 ; et il était facile de le démontrer en faisant le net produit de la récolte des sucres, d'après le montant brut des ventes, qui chaque année est connu à quelques mille livres sterling près.

Ensuite, l'assimilation de la dette de la daïra à celle du gouvernement soulevait de graves difficultés. Les décrets étaient à peine officiellement connus, que divers groupes de porteurs de l'emprunt 1870 protestaient contre une mesure qui annulait les garanties hypothécaires tout spécialement affectées à leurs titres ; et en même temps les tribunaux d'Alexandrie, faisant droit à la requête d'un porteur de bons daïra arrivés à échéance, assimilaient ces bons à des traites de commerce et condamnaient la daïra à les payer, par un jugement longuement et fortement motivé.

Enfin, où donc étaient ces garanties de bonne administration réclamées par M. Cave ? Au cours des négociations, il avait été question de commissaires nommés par l'Angleterre, l'Italie et la France, et voilà que les décrets ne parlaient plus que de commissaires nommés par le khédive comme fonctionnaires égyptiens, et sans acception de nationalité ! Où de pareils fonctionnaires puiseraient-ils l'indépendance et l'autorité nécessaires à l'accomplissement de la tâche si délicate et si lourde qui leur était imposée ? On pouvait s'en rapporter au khédive pour les placer entre l'opportunité d'une prompte démission ou la soumission à ses volontés.

Il est vrai que, comme complément de garanties, on annonçait la réorganisation du ministère des finances avec l'introduction d'éléments européens destinés, disait-on, à y jouer un rôle considérable. Mais la lecture attentive du troisième décret, qui précisait cette réorganisation (il fut publié le 14 mai), laissait subsister tous les doutes, toutes les méfiances, si même il ne les augmentait.

Elle consistait principalement dans la création d'un conseil suprême du trésor divisé en trois sections, chargées : la première d'inspecter les caisses de la trésorerie centrale et d'en surveiller la comptabilité ; la deuxième, de contrôler les recettes et les dépenses, et de prononcer sur la responsabilité des fonctionnaires convaincus d'avoir fait des payements non justifiés ; et la troisième de vérifier, d'apurer les comptes et de les approuver ou de les censurer, suivant qu'il y aurait lieu.

Le conseil donnait son avis sur les budgets de prévision dressés par le ministre des finances trois mois avant la fin de chaque exercice.

Il était composé de 10 membres, dont 5 indigènes

et 5 étrangers, plus un président nommé par le khédive. La première section comptait 3 membres, tous étrangers ; la deuxième, 5 membres, dont 2 étrangers, 2 indigènes, et un président qui était de droit le président même du conseil ; et la troisième, 3 membres indigènes.

Le vice-roi nommait les membres du conseil suprême et les destituait, les suspendait ou les retraitait, sur l'avis conforme de son conseil privé.

Enfin le conseil suprême restait chargé de régler ses services intérieurs, d'organiser ses bureaux et de distribuer les affaires. C'est à cela que se bornaient l'initiative et le plus clair de l'indépendance des Européens qui en faisaient partie. On conviendra que c'était peu.

Au reste, pas n'est besoin d'une analyse bien approfondie pour constater que ce troisième décret avait été combiné de façon à annihiler l'intervention de ces mêmes Européens, et à lui enlever toute efficacité et toute sanction. Non-seulement leur situation était à l'entière discrétion du vice-roi, mais on avait pris soin de les répartir de façon à ne leur laisser la majorité que dans la première section, dont les attributions étaient de pure comptabilité, et n'avaient rien à voir avec la fixation, la répartition et surtout la perception des impôts et l'emploi des fonds qui en provenaient.

En outre, la rédaction du décret était parfois tellement obscure, tellement bizarre, que l'on en venait à se demander si elle n'était pas le résultat d'une gageure imaginée par quelque plaisantin de l'entourage, en imitation de la loquacité brouillonne et parfois peu correcte de l'Altesse. Que penser par exemple d'expressions comme celles-ci (titre I, art. v, § 3) : « Le compte général consomptif du budget sera arrêté..... » Et plus loin (titre II, art. iii, § 1) : « On ajoutera au budget présomptif..... sous la dénomination de résidus actifs..... et sous la dénomination de résidus passifs..... » Quel charabia, bon Dieu ! Et le moyen de penser que les gros bonnets du Crédit foncier, tous gens de mœurs raffinées et de beau langage, eussent jamais pu prévoir que le montant de leurs avances, la chair de leur chair, le sang de leur sang, et peut-être bien aussi la chair et le sang de leurs actionnaires, serviraient à alimenter un compte général consomptif, et finalement à constituer les résidus actifs ou les résidus passifs d'un budget présomptif, etc., etc.

Telle était pourtant la langue financière intronisée dans les conseils du khédive, que Dieu conserve ! par l'illustrissime commandeur de Saint-

Maurice et Lazare, sénateur du royaume d'Italie et président du conseil suprême des finances égyptiennes, Son Excellence M. Scialoja, à la barbe et pour l'usage personnel de MM. J. Pastré et consorts.

Devait-on s'étonner que l'emprunt de 1873, que des spéculateurs malavisés, dans l'attente des décrets de consolidation, avaient relevé à 47, fût retombé, le 20 mai, à 40, avec tendance à une nouvelle baisse?

Quant aux bons, assignations ou traites, vendeurs et acheteurs avaient disparu. Non-seulement la spéculation était morte, mais le marché du comptant était complétement paralysé par le mélange d'espoir et de crainte dans lequel vivaient les malheureux porteurs, en attendant l'ouverture des opérations de la conversion et leur effet probable sur les cours.

Je ne m'étendrai pas maintenant sur les protêts lancés contre la daïra et contre le Malieh, non plus que sur les poursuites qui en étaient la conséquence. J'y reviendrai plus tard.

Je m'arrête aujourd'hui, en ajoutant que le moment était arrivé où les incidents, dont quelques-uns malheureusement très-tragiques, succéderaient aux incidents; où de grosses situations, tenues jusqu'alors sous cloche, dans une ombre protectrice, éclateraient au grand jour par la force même des circonstances ; où de nouvelles négociations se grefferaient sur les anciennes, et aboutiraient plus ou moins à bonne et heureuse fin ; où enfin les rôles principaux de la tragi-comédie, celui du khédive excepté, passeraient en d'autres mains. Seul, le lieu principal de l'action, le Caire, ne changerait pas. Je prendrai donc la liberté d'aller m'y retremper avant d'entamer la seconde partie de ce travail, laquelle ne sera ni la moins intéressante, ni la moins instructive.

ERRATA

Page 3, ligne 9 : Harea, *lisez* : Marea.
— 16, — 6 : 17,500,000, *lisez* : 7,500,000.
— 17, — 13 : garantis, *lisez* : garanties.
— 18, — 4 : avait, *lisez* : ouvrait.
— 18, — 10 : étendre, *lisez* : éteindre.
— 18, — 14 : des, *lisez* : de.
— 28, — 6 : ce que vit un despote, *lisez* : ce que vit un caprice de despote.
— 31, — 16 : Emerghian, *lisez* : Emirghian.
— 35, — 17 : entre, *lisez* : avec.
— 36, — 20 : 2.640.000 (1870), *lisez* : 2.640.000.
— 45, — 17 : 1864, *lisez* : 1866.
— 59, — 8 : Yeki Bey, *lisez* : Zeki Bey.
— 62, — 3 : 1/2 à 2 p, 100, *lisez* : 1 1/2 à 2 p. 100.
— 64, — 2 : partie, *lisez* : portée.
— 111, — 14 : Mandiriehs, *lisez* : Moudiriehs.
— 124, — 2 : 1876, *lisez* : 1874.
— 157, — 9 : l'an, *lisez* : l'un.
— 184, — 8 : ascensionnelle, *lisez* : ascendante.
— 188, — 12 : chacun, *lisez* : chacune.
— 189, — 23 : de 4 1/2 à 11 1/2 p. 100, *lisez* : de 2 1/2 p. 100 sur le plus bas point, soit à 11 1/2.
— 200, — 14 : l'homme de finance, *lisez* : l'homme des finances.
— 210, — 13 : 79, *lisez* : 70.

TABLE

CHAPITRE PREMIER.

CHAPITRE II.

CHAPITRE III.

CHAPITRE IV.

CHAPITRE V.

CHAPITRE VI.

CHAPITRE VII.

CHAPITRE VIII.

CHAPITRE IX.

CHAPITRE X.

FIN DE LA TABLE.

Saint-Denis. — Imp. Ch. LAMBERT, 17, rue de Paris.

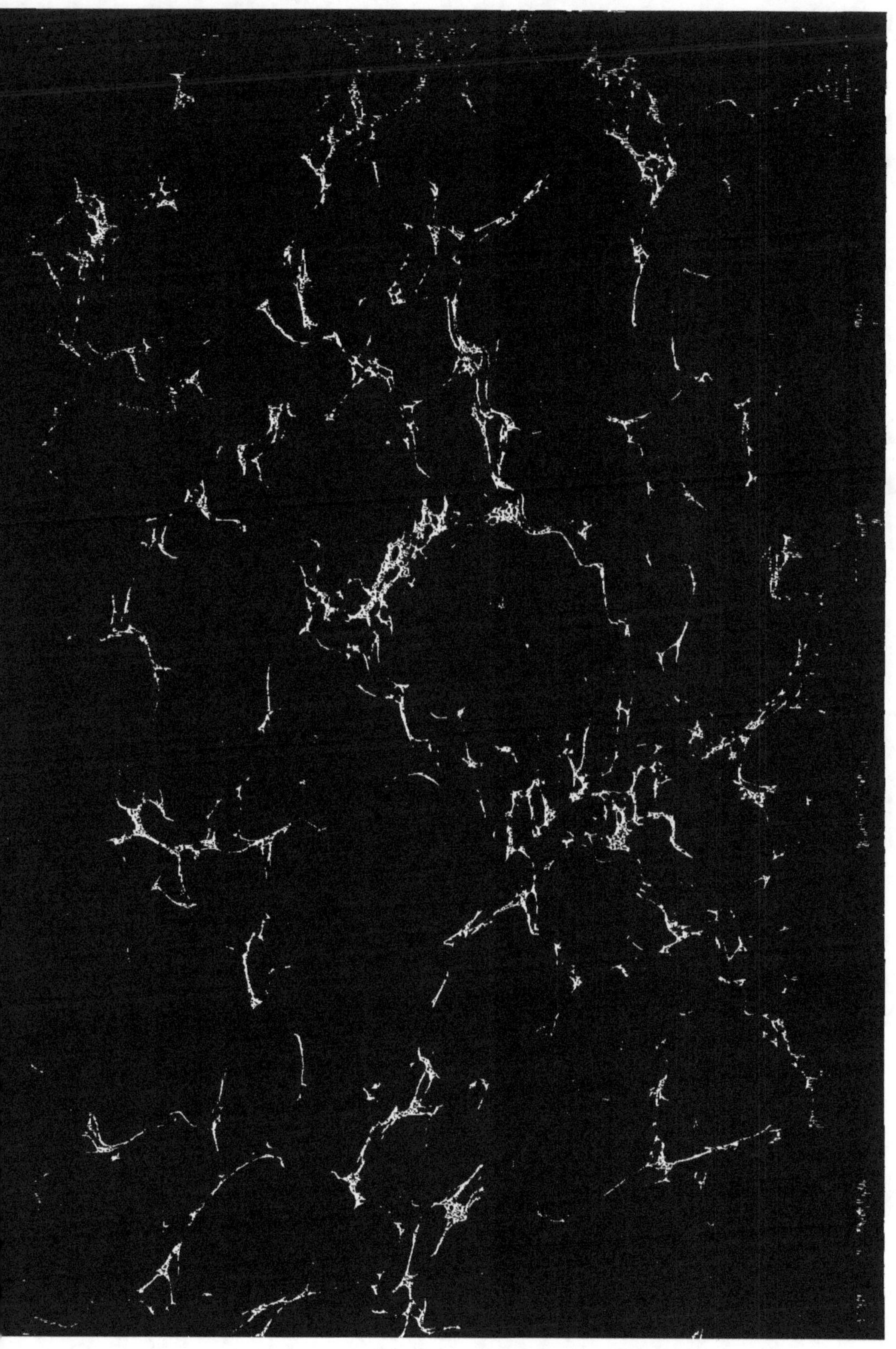

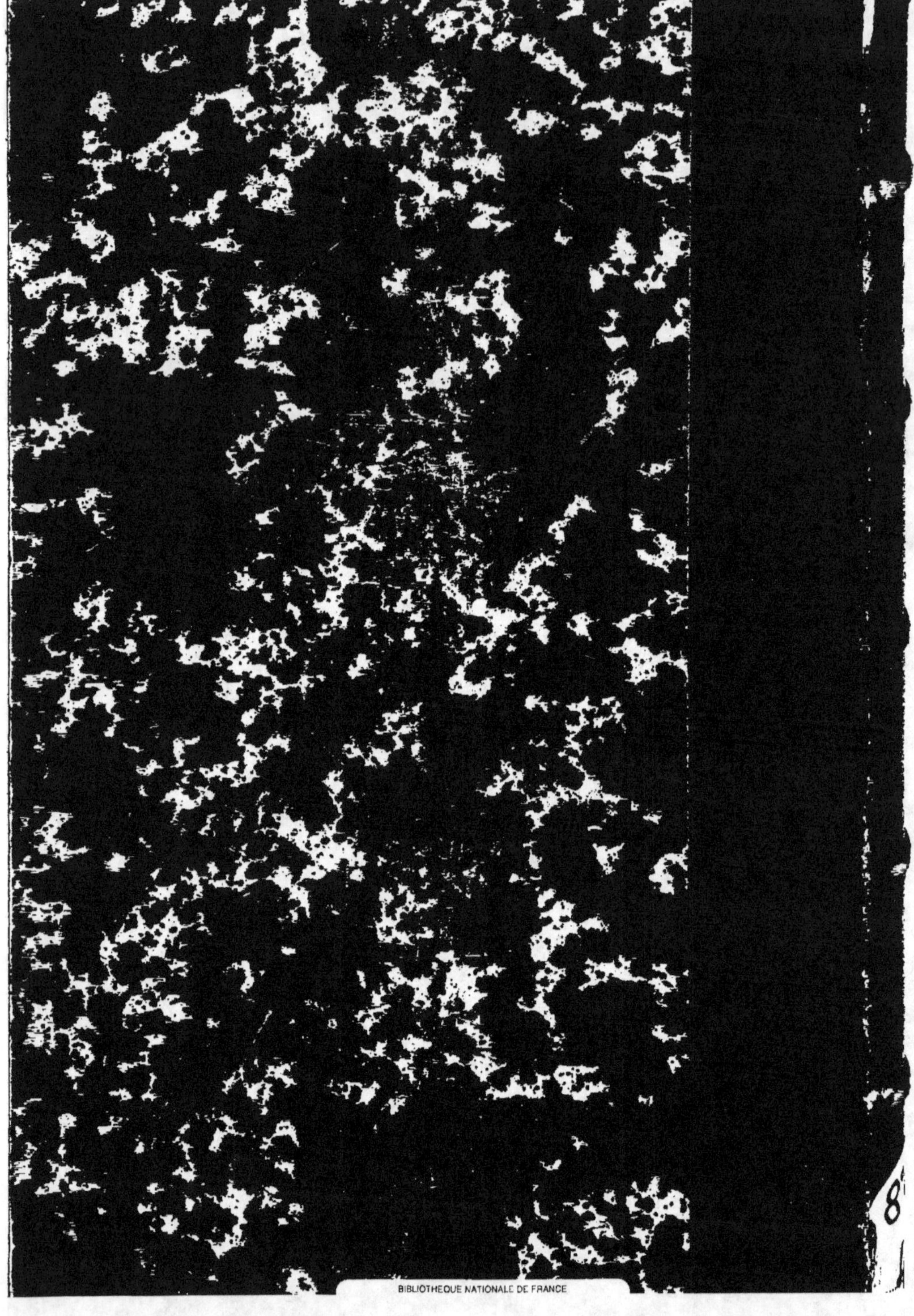